KB240104

터키어 첫걸음의 모든 것

초판 5쇄 발행 | 2024년 8월 5일

지은이 | 최보라
발행인 | 김태웅
편　집 | 김현아
디자인 | 남은혜, 김지혜
마케팅 총괄 | 김철영
제　작 | 현대순

발행처 | (주)동양북스
등　록 | 제2014-000055호
주　소 | 서울시 마포구 동교로 22길 14 (04030)
전　화 | (02)337-1763
팩　스 | (02)334-6624

http://www.dongyangbooks.com

ISBN 978-89-98914-50-9 13790

이 도서의 국립중앙도서관 출판시도서목록(CIP)은 서지정보유통지원시스템 홈페이지(http://seoji.go.kr)와
국가자료공동목록시스템(http://www.nl.go.kr/kolisnet)에서 이용하실 수 있습니다.
(CIP제어번호:CIP2013020381)

터키어 첫걸음의 모든 것

최보라 지음

동양북스

머리말

터키어를 처음 시작하는 여러분들 반갑습니다. 터키는 정말 다양한 매력이 있는 팔색조 같은 나라입니다. 많은 여행객들이 다시 한 번 더 방문하고 싶어 하고, 지역마다 특색이 강해 지루할 틈이 없는 나라가 바로 터키입니다. 또한 형제의 나라로서 한국인들에게 더욱 친숙한 나라가 아닐까 생각됩니다. 하지만 그에 반해 터키어는 국내에서는 매우 생소한 언어로 분류됩니다. 하지만 한국어와 터키어는 같은 알타이어계로 분류되고 있습니다. 따라서 어순과 문법 체계가 매우 유사합니다. 이 책은 그런 '터키어'를 쉽고 간편하게 첫걸음을 뗄 수 있도록 도와줄 것입니다. 기장 기초적인 부분부터 터키 현지에서 바로 쓸 수 있는 표현들을 중점적으로 다루었으며, 현지에 도착하여 바로 대화할 수 있도록 하는 데 초점을 맞춰 제작했습니다.

제가 한국인으로서 터키어를 배우면서 다른 국가의 사람들보다 더 이해하기 쉬운 부분도 있었고, 더 어려운 부분도 있었습니다. 그런 경험을 잘 살려서 한국인이 이해하기 가장 어려운 부분은 최대한 풀어서 이해하기 쉽게 설명하려고 노력했습니다. 터키로 출장을 가시는 분들, 유학을 준비하는 그 첫걸음에 매우 유용하리라 생각됩니다.

'가랑비에 옷 젖는다'는 말처럼 터키어에 관심을 가지고 배우시려는 분들께 이 책의 내용이 자연스럽게 스며들어 현지에서 도움이 되길 바랍니다.

마지막으로 이 책이 나올 수 있도록 많은 도움을 주신 출판사 관계자 분들께 감사드리며, 회화 전체를 감수해 준 Yasmin과 컴퓨터 작업을 맡아 준 제 동생에게 감사의 말을 전하고 싶습니다.

대단히 감사합니다.

차례

İçindekiler

이 책의 구성과 특징

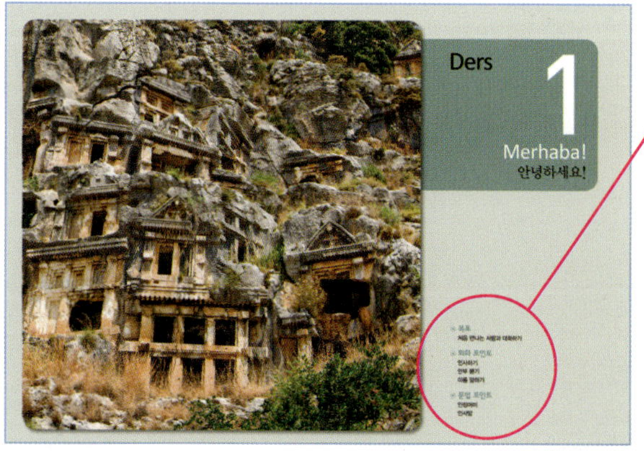

과 소개

각 과의 본문에서 배울 내용들이 소개되어 있습니다.

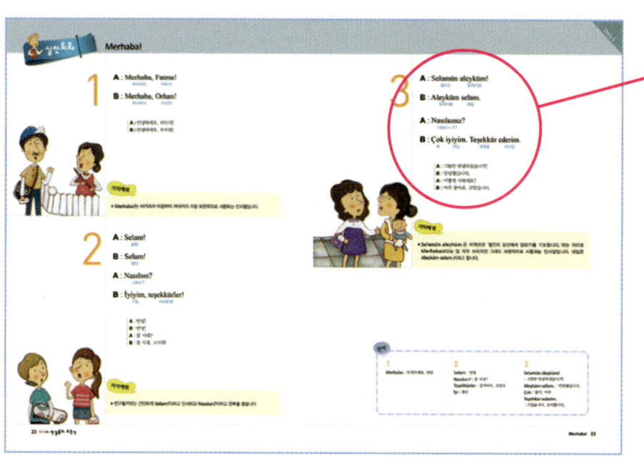

기본 회화

상황별 기본 회화를 익힙니다. 꼭 알아야 할 구문과 문법 사항이 포함된 부분을 미리 소개한 것입니다. MP3 음원을 활용해 발음과 문장을 꼭 암기하세요.

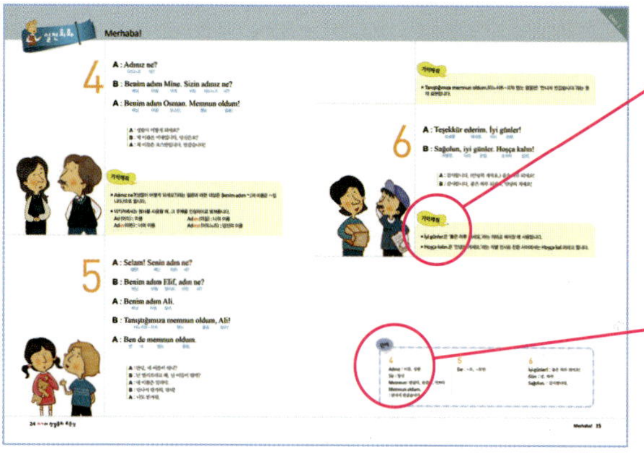

기억해줘

초보자가 꼭 알아야 할 문법이나 표현 등을 실었습니다. 첫걸음 학습에서 꼭 필요한 내용으로 쉽게 설명해 놓았습니다. 꼼꼼하게 공부하세요.

단어

각 페이지마다 현지에서 자주 쓰이는 단어들 위주로 새로 나온 단어들을 소개했습니다. 꾸준하게 외워 보세요. 실력이 됩니다.

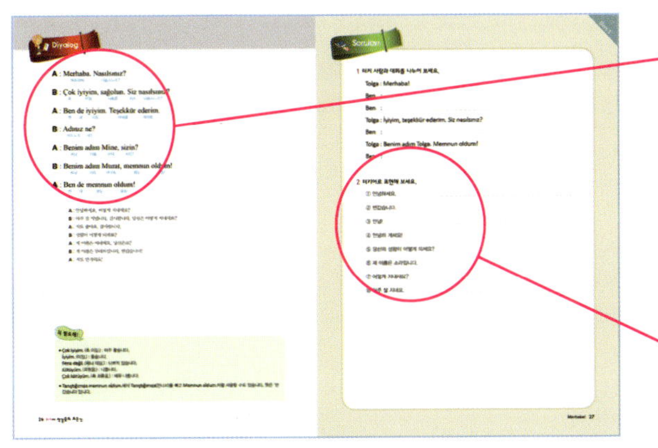

실전 회화

실전에 유용하게 사용되는 회화문으로 반복 학습의 효과를 가질 수 있습니다. 먼저 교재를 보지 않고 MP3를 들어본 후 잘 들리지 않는 부분은 교재를 확인하면서 반복 학습하세요.

연습문제

각 과의 이해도를 체크할 수 있도록 꼭 알고 넘어가야 할 문제만을 실었습니다. 틀린 문제가 있으면 다시 한 번 확인해서 자신의 것으로 만드세요.

문법편

문법편에서는 회화편에서 미처 다루지 못한 부분이나 다루었다 하더라도 설명이 미약했던 부분을 더욱 자세하게 설명함으로써, 문법의 기본을 확실하게 다질 수 있도록 했습니다.

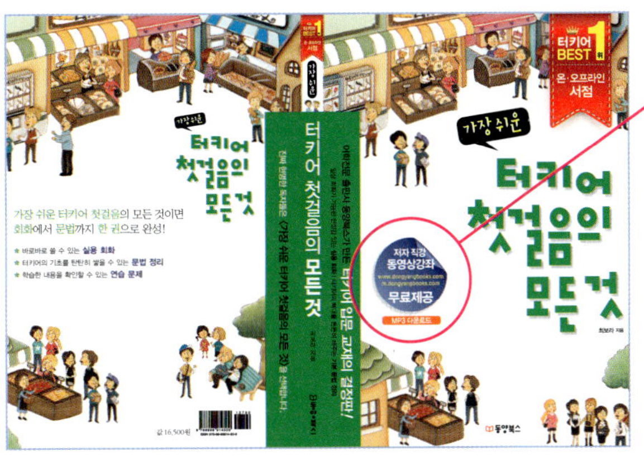

동영상 강의

저자가 직접 강의하는 동영상 강의를 홈페이지에서 무료로 제공해주고 있습니다.

이 책의 활용법

1. 회화편

'가장 쉬운 터키어 첫걸음의 모든 것' 세트의 주교재입니다. 모두 20가지의 주제별 회화 중심으로 구성되어 있으며, 단어 정리는 물론 회화를 이해하고 기초를 다지는 문법 설명까지 꼼꼼하게 정리하였습니다. 터키어의 기초를 다지는 데에 확실한 근거를 제시합니다. 동양북스 홈페이지에서 강의를 누구나 수강하실 수 있습니다.

2. 문법편

흔히 첫걸음 교재라고 하면 회화나 문법 각각의 교재를 사서 공부하게 됩니다. 하지만, 이 교재는 실용 회화와 기초 문법 모두를 담고 있어 더욱 효율적이고 체계적인 상호 학습이 가능합니다. 문법편에서 터키어의 기초를 확실히 잡아 실력을 향상시킬 수 있습니다.

3. MP3

기본 회화, 실전 회화 전편이 수록되어 있습니다. 모든 회화를 원어민의 목소리로 녹음하여 듣고 따라 말하기 학습을 할 수 있습니다.

4. 무료 동영상 강의

인터넷을 이용할 수 있는 곳이라면 언제 어디서나 수강이 가능하도록 무료 동영상 강의를 만들었습니다. 동양북스 홈페이지(http://www.dongyangbooks.com)를 방문하시면 24시간 무료로 수강할 수 있습니다. 또한 스마트폰으로도 강의를 수강할 수 있습니다.(m.dongyangbooks.com) 학원에 갈 시간이 없거나 빠른 시간 내에 터키어를 하고 싶은 분들을 위한 최선의 서비스가 터키어 학습의 길잡이가 되어 드립니다.

준비과정

터키어의 알파벳과 발음을 익힌다.

◉중요 포인트

Alfabe (알파베) : 알파벳
Ses uyumu (세스 우유무) : 발음
Sayı (사이으) : 숫자

① 터키어 알파벳과 발음

1-1 알파벳

대문자/소문자	발음	한글 대조
A a	[a]	아
B b	[be]	베
C c	[ce]	제
Ç ç	[çe]	체
D d	[de]	데
E e	[e]	에
F f	[fe]	풰
G g	[ge]	게
Ğ ğ	[yumuşakge]	유무샥게 (묵음)
H h	[he]	헤
I ı	[ı]	으
İ i	[i]	이
J j	[je]	줴
K k	[ke]	케
L l	[le]	레

대문자/소문자	발음	한글 대조
M m	[me]	메
N n	[ne]	네
O o	[o]	오
Ö ö	[ö]	외
P p	[pe]	페
R r	[re]	레
S s	[se]	쎄
Ş ş	[şe]	쉐
T t	[te]	테
U u	[u]	우
Ü ü	[ü]	위
V v	[ve]	붸, 웨 (모음 앞)
Y y	[ye]	예
Z z	[ze]	쎄, 제

Ünsüz (윈쑤즈) : 자음 B C Ç D F G Ğ H J K L M N P R S Ş T V Y Z

Ünlü (윈류) : 모음 ❶ A I O U ❷ E İ Ö Ü

1-2 주의해야 할 발음

우리말에 존재하지 않는 발음들입니다. 최대한 많이 들어 보고 연습하여 따라 하는 수밖에 없습니다.

F '페'는 영어의 F와 같습니다. '페'는 윗니와 아랫입술이 닿으면서 살짝 발음됩니다. 절대로 두 입술이 닿으면서 발음되면 안 됩니다. 그러면 P발음이 됩니다.

Ğ '유무샥게'는 발음을 하지 않는 묵음입니다. 앞에 위치한 모음을 조금 더 길게 발음합니다.(장음화)

R '레'는 L보다는 좀 더 목을 자극시켜서 발음합니다. L이 혀만 사용하여 발음한다면 R는 좀 더 성대를 울려서 ㄹ발음을 더 강화합니다.

Ö '외'는 편의상 '외'라고 표기하였으나 실제로는 독일어의 Ö와 같은 발음입니다. '오' 입 모양으로 혀를 아랫니 뒤에 놓은 다음 '에'라고 발음하면 가장 가깝습니다.

V '붸'는 윗니와 아랫입술이 닿으면서 '붸' 소리가 나기 때문에 두 입술이 닿으면서 발음하는 B와는 구별됩니다. 단, 간혹 모음 앞에서 영어의 W와 같은 발음이 됩니다.

Ü '위'도 편의상 '위'라고 표기하였으나 실제로는 '우' 입 모양으로 '위'를 발음하면 가장 가깝습니다.

Y '예'는 뒤에 붙은 모음에 따라 우리말의 '야, 예, 이으, 유, 요' 발음이 됩니다. 특히 뒤에 I(으) 발음이 붙으면 YI(이으)를 빨리 발음하면 됩니다.

Z '제'는 ㅅ발음과 ㅈ발음의 중간이라고 보시면 됩니다. 간혹 'ㅉ' 발음이 나기도 합니다.

2 모음조화 / 자음조화

2-1 모음조화

터키어에서는 모음이 두 그룹으로 나뉘며, 또 그 안에서 두 개씩 짝을 이룹니다. 이 규칙은 맨 끝모음에 따라 뒤에 붙는 어미를 결정합니다. 이 어미는 그 쓰임새에 따라 조사, 시제변화, 인칭변화에 사용됩니다. 따라서 모음조화의 규칙을 익혀두지 않으면 정확하고 바른 문장을 사용할 수 없습니다.

A I	O U
E İ	Ö Ü

위의 표와 같이 뒤에 붙는 어미는 그 앞의 맨 마지막 모음에 따라 결정됩니다.

첫 번째로 맨 마지막의 모음이 A, I로 끝나면 상황에 따라 어미도 A, I가 붙습니다.
O, U로 끝나면 어미는 A, U가 붙습니다.
E, İ로 끝나면 어미는 E, İ가 붙습니다.
Ö, Ü로 끝나면 어미는 E, Ü가 붙습니다.

Elma 사과	➡ Elma + lar 사과들	Elma + lı 사과가 들어 있는
Okul 학교	➡ Okul + da 학교에서	Okul + un 학교의
Kalem 연필	➡ Kalem + ler 연필들	Kalem + i 연필의
Köprü 다리	➡ Köprü + den 다리에서	Köprü + nün 다리의

2-2 자음조화

단어의 끝이 Ç, K, P, T로 끝나면서 뒤에 C, D, G로 시작하는 어미가 붙으면 어미가 C → Ç, D → T, G → K로 바뀌게 됩니다.

Kitap 책	➡ Kitapçı 책을 다루는 사람(책방 주인)	Kitapta 책에
Ekmek 빵	➡ Ekmekçi 빵을 만드는 사람	Ekmekte 빵에

2-3 모음-자음조화

단어의 끝이 Ç, K, P, T로 끝나면서 뒤에 모음으로 시작하는 어미가 붙으면 Ç → C, K → Ğ, P → B, T → D로 바뀌게 됩니다.

> Kalp 심장 ➡ Kalbim 내 심장
>
> Yatak 침대 ➡ Yatağın 침대의

③ 숫자

터키어도 아라비아숫자를 기본으로 사용합니다. 순서를 나타내는 서수사는 아라비아숫자만 사용할 때는 숫자 옆에 점(.)을 찍고, 읽을 때나 문자로 기입할 때는 앞에 오는 모음에 따라 -inci/ıncı/uncu/üncü를 붙여 줍니다.

Sembol	Sayı	Sembol	Sıra
0	Sıfır	0.	Sıfırıncı
1	Bir	1.	Birinci
2	İki	2.	İkinci
3	Üç	3.	Üçüncü
4	Dört	4.	Dördüncü
5	Beş	5.	Beşinci
6	Altı	6.	Altıncı
7	Yedi	7.	Yedinci
8	Sekiz	8.	Sekizinci
9	Dokuz	9.	Dokuzuncu
10	On	10.	Onuncu

11	On bir	11.	On birinci
20	Yirmi	20.	Yirminci
30	Otuz	30.	Otuzuncu
40	Kırk	40.	Kırkıncı
50	Elli	50.	Ellinci
60	Altmış	60.	Altmışıncı
70	Yetmiş	70.	Yetmişinci
80	Seksen	80.	Sekseninci
90	Doksan	90.	Doksanıncı
100	Yüz	100.	Yüzüncü
500	Beş yüz	500.	Beş yüzüncü
1,000	Bin	1,000.	Bininci
5,000	Beş bin	5,000.	Beş bininci
10,000	On bin	10,000.	On bininci
1,000,000	Bir milyon	1,000,000.	Bir milyonuncu
1,000,000,000	Bir milyar	1,000,000,000.	Bir milyarıncı

회화편

Ders

1

Merhaba!
안녕하세요!

◉ **목표**
처음 만나는 사람과 대화하기

◉ **회화 포인트**
인사하기
안부 묻기
이름 말하기

◉ **문법 포인트**
인칭어미
인사말

Merhaba!

1

A : Merhaba, Fatma!
메르하바, 파트마!

B : Merhaba, Orhan!
메르하바, 오르한!

> **A** : 안녕하세요, 파트마!
> **B** : 안녕하세요, 오르한!

기억해줘

- Merhaba!는 터키에서 아침부터 저녁까지 가장 보편적으로 사용하는 인사말입니다.

2

A : Selam!
셀람!

B : Selam!
셀람!

A : Nasılsın?
나슬슨?

B : İyiyim, teşekkürler!
이임, 테쉐큘렐!

> **A** : 안녕!
> **B** : 안녕!
> **A** : 잘 지내?
> **B** : 잘 지내, 고마워!

기억해줘

- 친구들끼리는 간단하게 Selam!이라고 인사하고 Nasılsın?이라고 안부를 묻습니다.

3

A : Selamün aleyküm!
셀라뮌 알레이큠!

B : Aleyküm selam.
알레이큠 셀람.

A : Nasılsınız?
나슬스느즈?

B : Çok iyiyim. Teşekkür ederim.
촉 이임. 테쉐큘 에데림.

A : 그동안 안녕하셨습니까!
B : 안녕했습니다.
A : 어떻게 지내세요?
B : 아주 좋아요. 고맙습니다.

기억해줘

- Selamün aleyküm.은 직역하면 '평안이 당신에게 임하기를 기도합니다.'라는 의미로 Merhaba보다는 덜 자주 쓰이지만 그래도 보편적으로 사용되는 인사말입니다. 대답은 Aleyküm selam.이라고 합니다.

단어

1

Merhaba : 안녕하세요, 안녕

2

Selam : 안녕
Nasılsın? : 잘 지내?
Teşekkürler : 감사하다, 고맙다
İyi : 좋은

3

Selamün aleyküm!
: 그동안 안녕하셨습니까!
Aleyküm selam. : 안녕했습니다.
Çok : 많이, 아주
Teşekkür ederim.
: 고맙습니다, 감사합니다.

Merhaba!

4

A : Adınız ne?
아드느즈 네?

B : Benim adım Mine. Sizin adınız ne?
베님 아듬 미네. 씨진 아드느즈 네?

A : Benim adım Osman. Memnun oldum!
베님 아듬 오스만. 멤눈 올둠!

> **A** : 성함이 어떻게 되세요?
> **B** : 제 이름은 미네입니다. 당신은요?
> **A** : 제 이름은 오스만입니다. 반갑습니다!

기억해줘

- Adınız ne?(성함이 어떻게 되세요?)라는 질문에 대한 대답은 Benim adım ~.(제 이름은 ~입니다.)으로 합니다.

- 터키어에서는 명사를 사용할 때, 그 주체를 인칭어미로 밝혀줍니다.
  Ad (아드) : 이름   Adım (아듬) : 나의 이름
  Adın (아든) : 너의 이름   Adınız (아드느즈) : 당신의 이름

5

A : Selam! Senin adın ne?
셀람! 세닌 아든 네?

B : Benim adım Elif, adın ne?
베님 아듬 엘리프, 아든 네?

A : Benim adım Ali.
베님 아듬 알리.

B : Tanıştığımıza memnun oldum, Ali!
타느쉬트-므자 멤눈 올둠, 알리!

A : Ben de memnun oldum.
벤 데 멤눈 올둠.

> **A** : 안녕, 네 이름이 뭐니?
> **B** : 난 엘리프라고 해. 넌 이름이 뭐야?
> **A** : 내 이름은 알리야.
> **B** : 만나서 반가워, 알리!
> **A** : 나도 반가워.

- Tanıştığımıza memnun oldum.(타느쉬트−므자 멤눈 올둠)은 '만나서 반갑습니다.'라는 뜻의 표현입니다.

6

A : Teşekkür ederim. İyi günler!
테쉐큘   에데림.   이이   균렐!

B : Sağolun, iyi günler. Hoşça kalın!
사올룬.   이이   균렐.   호쉬차   칼른!

A : 감사합니다. (안녕히 계세요.) 좋은 하루 되세요!
B : 감사합니다, 좋은 하루 되세요. 안녕히 계세요!

- İyi günler.은 '좋은 하루 되세요.'라는 의미로 헤어질 때 사용합니다.
- Hoşça kalın.은 '안녕히 계세요.'라는 작별 인사로 친한 사이에서는 Hoşça kal.이라고 합니다.

단어

4
Ad : 이름, 성함
Siz : 당신
Memnun: 반갑다, 즐겁다, 기쁘다
Memnun oldum.
: 만나서 반갑습니다.

5
De : ~도, ~또한

6
İyi günler! : 좋은 하루 되세요!
Gün : 날, 하루
Sağolun. : 감사합니다.

A : Merhaba. Nasılsınız?
메르하바.　　　나슬스느즈?

B : Çok iyiyim, sağolun. Siz nasılsınız?
촉　　이임.　　사올룬.　　씨즈　나슬스느즈?

A : Ben de iyiyim. Teşekkür ederim.
벤　데　이임.　　테쉐퀼　에데림.

B : Adınız ne?
아드느즈　네?

A : Benim adım Mine, sizin?
베님　아듬　미네.　씨진?

B : Benim adım Murat, memnun oldum!
베님　아듬　무라트,　멤눈　올둠!

A : Ben de memnun oldum!
벤　데　멤눈　올둠!

A : 안녕하세요. 어떻게 지내세요?

B : 아주 잘 지냅니다. 감사합니다. 당신은 어떻게 지내세요?

A : 저도 좋아요. 감사합니다.

B : 성함이 어떻게 되세요?

A : 제 이름은 미네예요. 당신은요?

B : 제 이름은 무라트입니다. 반갑습니다!

A : 저도 반가워요!

꼭 필요해!

- Çok iyiyim. (촉 이임.) : 아주 좋습니다.
  İyiyim. (이임.) : 좋습니다.
  Fena değil. (풰나 데일.) : 나쁘지 않습니다.
  Kötüyüm. (쾨튜윰.) : 나쁩니다.
  Çok kötüyüm. (촉 쾨튜윰.) : 매우 나쁩니다.

- Tanıştığımıza memnun oldum.에서 Tanıştığımıza(만나서)를 빼고 Memnun oldum.처럼 사용할 수도 있습니다. 뜻은 '반갑습니다'입니다.

Soruları

1 터키 사람과 대화를 나누어 보세요.

Tolga : Merhaba!

Ben : ____

Ben : ____

Tolga : İyiyim, teşekkür ederim. Siz nasılsınız?

Ben : ____

Tolga : Benim adım Tolga. Memnun oldum!

Ben : ____

2 터키어로 표현해 보세요.

① 안녕하세요.

② 반갑습니다.

③ 안녕!

④ 안녕히 계세요!

⑤ 당신의 성함이 어떻게 되세요?

⑥ 제 이름은 소라입니다.

⑦ 어떻게 지내세요?

⑧ 아주 잘 지내요.

Ders

2

Ülke ve İş
국적과 직업

⊙ **목표**
국적과 직업 말하기

⊙ **회화 포인트**
나라
국적
직업

⊙ **문법 포인트**
의문대명사 Nere
의문조사

Ülke ve İş

1

A : Merhaba, nerelisin?
메르하바,　　　네렐리신?

B : Ben Türküm. Sen Türk müsün?
벤　　튀르큠.　센　튀르크　　뮤슌?

A : Ben Koreliyim.
벤　　　코렐리임.

A : 안녕, 너는 어느 나라 사람이니?
B : 나는 터키 사람이야. 너는 터키 사람이니?
A : 나는 한국 사람이야.

- 인칭대명사에서 의문문을 만들 때는 의문조사 mi, mı, mu, mü 중에 하나를 문장에 넣어 줍니다.

- 의문대명사 nere는 '어디'라는 뜻으로, 의문대명사가 문장에 있을 때는 의문조사를 넣지 않습니다.

2

A : Merhaba, benim adım Liza. Ben Japonum.
메르하바,　　　베님　아듬　리자.　벤　　자폰움.

B : Merhaba, Liza. Ah, siz Japon musunuz?
메르하바,　리자.　아,　씨즈　자폰　무수누즈?

Ben Gül, ben Türküm.
벤　　귤,　벤　튀르큠.

A : 안녕하세요, 제 이름은 리자입니다. 저는 일본 사람입니다.
B : 안녕하세요, 리자 씨. 아, 당신은 일본 사람입니까?
　　　저는 귤입니다. 저는 터키 사람입니다.

- 명사나 형용사 다음에 인칭어미를 붙여주면 '~입니다'라는 문장이 완성됩니다.
  (→문법편 참고: 1과 1.2 '~입니다' 평서문(명사/형용사형))

3

A : Minsu Koreli mi?
민수　　코렐리　미?

B : Evet, o Koreli.
에베트,　오　코렐리.

A : Mey de Koreli mi?
메이　데　코렐리　미?

B : Hayır, o Çinli.
하이을,　오　친리.

A : 민수는 한국 사람입니까?
B : 네, 그는 한국 사람입니다.
A : 메이도 한국 사람입니까?
B : 아니요, 그녀는 중국인입니다.

기억해줘

- 질문을 받았을 때는 Evet(네) 또는 Hayır(아니요)로 대답합니다.
- **나라 이름, 국가 형용사, 민족**

Ülke (윌케) : 나라		Sıfat (스파트) : 형용사 '〜의'	Milliyet (밀리옛) : 민족 '〜사람'
영국	İngiltere (인길테레)	İngiliz (인길리즈)	İngiliz (인길리즈)
프랑스	Fransız (프란스즈)	Fransız (프란스즈)	Fransız (프란스즈)
독일	Almanya (알만야)	Alman (알만)	Alman (알만)
그리스	Yunanistan (유나니스탄)	Yunan (유난)	Yunanlı (유난르)
러시아	Rusya (루시아)	Rus (루스)	Rus (루스)
미국	ABD/Amerika (아베데/아메리카)	Amerikan (아메리칸)	Amerikalı (아메리칼르)
터키	Türkiye (튜르키예)	Türk (튜르크)	Türk (튜르크)
한국	Kore (코레)	Kore (코레)	Koreli (코렐리)
일본	Japonya (자폰야)	Japon (자폰)	Japon (자폰)
중국	Çin (친)	Çin (친)	Çinli (친리)

Ülke ve İş

4

A : Siz öğretmen misiniz?
씨즈　외레트멘　미시니즈?

B : Hayır, öğrenciyim. Siz? Siz öğretmen misiniz?
하이을.　외렌지임.　씨즈?　씨즈　외레트멘　미시니즈?

A : Hayır, ben de öğrenciyim.
하이을.　벤　데　외렌지임.

> **A** : 당신은 선생님인가요?
> **B** : 아니요, 저는 학생입니다. 당신은요? 당신은 선생님인가요?
> **A** : 아니요, 저 또한 학생입니다.

5

A : Sinan aşçı mı?
시난　아쉬츠　므?

B : Hayır, o fırıncıdır.
하이을.　오　프른즈들.

A : Duygu ressam mı?
두이구　레쌈　므?

B : Hayır, o gazeteci.
하이을.　오　가제테지.

> **A** : 시난은 요리사니?
> **B** : 아니, 그는 제빵사야.
> **A** : 두이구는 화가니?
> **B** : 아니, 그녀는 기자야.

기억해줘

● 음식이나 사물에 -ci/cı/cu/cü(또는 자음조화로 -çi/çı/çu/çü)가 붙을 경우 '～하는 사람'
이 되어 직업을 나타냅니다.

fırın + ci → fırıncı (프른즈) : 제빵사　　　gazete + ci → gazeteci (가제테지) : 기자

6

A : Cem ve ben, biz Türküz. Ve biz satış elemanıyız.
젬 베 벤, 비즈 튜르큐즈. 베 비즈 사트쉬 엘레마느으즈.

B : Öyle mi? Ayşe ve Burcu, onlar da Türk.
외이레 미? 아이쉐 베 부르주, 온랄 다 튜르크.

Ve onlar öğrenci.
베 온랄 외렌지.

A : 젬과 나, 우리는 터키 사람입니다. 그리고 우리는 판매원입니다.
B : 그래요? 아이쉐와 부르주, 그녀들도 터키 사람입니다.
그리고 그녀들은 학생들이에요.

기억해줘

- Onlar(그들/그녀들)에는 인칭어미로 -lar/ler이 오지만, 이 인칭어미는 문장에 따라 생략할 수 있습니다.

단어

4	5	6
Öğretmen : 선생님	Aşçı : 요리사	Satış elemanı : 판매원
Öğrenci : 학생	Fırıncı : 제빵사	Öyle mi? : 그래요?, 그렇습니까?
Ben de : 저도, 저 또한	Ressam : 화가	
	Gazeteci : 기자	

A : Eda, kahve içer misin?
에다, 카흐베 이첼 미신?

B : Evet, teşekkür ederim.
이베트, 테쉐퀼 에데림.

A : Rica ederim.
리자 에데림.

B : Minsu, sen Türk müsün?
민수, 센 튜르크 뮤슌?

A : Hayır, ben Koreliyim. Eda, sen?
하이을, 벤 코렐리임. 에다, 센?

B : Ben Türküm.
벤 튜르큠.

A : Chris, Clara, onlar nereli? Amerikan mı?
크리스, 클라라, 온랄 네렐리? 아메리칸 므?

B : Hayır, onlar İngiliz.
하이을, 온랄 인길리즈.

A : Onlar öğreci mi?
온랄 외렌지 미?

B : Hayır, Chris müzisyen ve Clara memurdur.
하이을, 크리스 뮤지시엔 베 클라라 메물둘.

A : 커피 한 잔 마실래, 에다?
B : 좋지, 고마워.
A : 천만에.
B : 민수, 너는 터키 사람이니?
A : 아니, 나는 한국 사람이야. 에다, 너는?
B : 나는 터키 사람이야.
A : 크리스와 클라라는, 어디 나라 사람이니? 미국 사람이니?
B : 아니, 그들은 영국 사람들이야.
A : 그들은 학생이니?
B : 아니, 크리스는 음악가이고 클라라는 공무원이야.

단어

Kahve : 커피
Rica ederim : 천만에, 천만에요
Müzisyen : 음악가
Memur : 공무원

꼭 필요해!

• Onlar öğreci mi?(그들은 학생이니?)는 Onlar öğreciler midir?에서 dir와 ler이 생략된 문장입니다.

Soruları

1 주어에 맞게 Türk(터키인) 뒤에 인칭어미를 붙여 빈칸을 채워보세요.

① Ben ___________________ ② Biz ___________________

③ Sen ___________________ ④ Siz ___________________

⑤ O ___________________ ⑥ Onlar ___________________

2 다음 단어 옆에 알맞은 형태를 붙여 직업을 만들어 보세요.

cı ci cu cü (çı çi çu çü)

Gazete (신문) + **ci** ➡ Gazete**ci** (기자)

① Bilgisayar___________ ② Fırın___________

③ Kitap___________ ④ Oyun___________

3 다음 사람들을 소개해 보세요.

① Mehmet : öğrenci, Türk

____

____

② Zeynep : gazeteci, Koreli

____

____

③ Volkan : oyuncu, Japon

____

____

Ders

3

Şehir ve Dil
도시와 언어

- ⊙ **목표**
  도시와 언어에 대해 말하기

- ⊙ **회화 포인트**
  도시
  언어
  질문하기

- ⊙ **문법 포인트**
  가능형 ebil/abil
  불가능형 a/e
  의문 강조

Şehir ve Dil

1

A : Sen Türkçe konuşabiliyor musun?
센 튜르크체 코누샤빌리요르 무순?

B : Evet, ben Türkçe konuşabiliyorum.
에베트, 벤 튜르크체 코누샤빌리요룸.

A : Sen Korece konuşabiliyor musun?
센 코레제 코누샤빌리요르 무순?

B : Evet, ben Korece konuşabiliyorum.
에베트, 벤 코레제 코누샤빌리요룸.

A : 당신은 터키어를 하십니까?
B : 네, 저는 터키어를 합니다.
A : 당신은 한국어를 하십니까?
B : 네, 저는 한국어를 합니다.

기억해줘

- 동사어간에 -ebil/abil을 붙이면 '〜할 수 있다'라는 뜻이 됩니다.
 (→문법편: 8과 8.3 가능/불가능형)

 denemek (데네멕) : 입어 보다

 → dene + y + ebil + 초월시제어미 → deneyebilir (데네예빌릴) : 입어 볼 수 있다

2

A : Seda Türkçe, Fransızca, İngilizce ve
세다 튜르크체, 프란스즈자, 인길리즈제 베

İspanyolca biliyor.
이스파뇰자 빌리요르.

B : Maşaallah! (O çok diller biliyormuş.)
마샬라흐! (오 촉 딜렐 빌리욜무쉬.)

A : 세다는 터키어, 영어, 스페인어, 중국어 그리고 일본어를 합니다.
B : 와우! (그녀는 많은 언어를 하네요.)

기억해줘

- 여러 가지를 나열할 때는 쉼표(,)를 이용하다가 맨 마지막에 ve(그리고)를 적습니다.

- 원래 터키어에서는 모음 두 개가 연달아 올 수 없지만 Maşaallah는 아랍어에서 와서 예전부터 써 온 표현으로 예외입니다.

3

A : Sen Çince konuşabiliyor musun?
센 친제 코누샤빌리요르 무순?

B : Hayır, ben Çince konuşamam.
하이을. 벤 친제 코누샤맘.

A : O zaman Japonca konuşa biliyor musun?
오 자만 자폰자 코누샤 빌리요르 무순?

B : Hayır, ben konuşamıyorum.
하이을. 벤 코누샤므요룸.

A : Vietnamca biliyor musun?
비에트남자 빌리요르 무순?

Endonezce konuşamıyor musun?
엔도네즈제 코누샤빌리요르 무순?

B : Ben Koreliyim, Korece konuşuyorum!
벤 코렐리임. 코레제 코누슈요룸!

A : 너는 중국어를 하니?
B : 아니, 나는 중국어를 못해.
A : 그럼 일본어를 하니?
B : 아니, 나는 일본어를 못해.
A : 베트남어는 아니? 인도네시아어는 못하니?
B : 나는 한국 사람이야, 나는 한국어를 해!

- konuşamıyorum(코누샤므요룸)은 '말할 수 없다'는 뜻의 불가능형입니다. 동사어간 뒤에
  -a/e를 붙여서 '~할 수 없다'라는 뜻이 됩니다.
  (→ 문법편 8과 8.3 가능/불가능형)

2

Maşaallah! : 대단해!, 대단하시네요!
Çok : 많은
Çok diller : 많은 언어들

3

Vietnam : 베트남, 베트남의
Vietnamlı : 베트남 사람
Vietnamca : 베트남어
Endonezya : 인도네시아
Endonezyalı : 인도네시아 사람
Endonezyaca : 인도네시아어

4

A : Sen İstenbul'da mı oturuyorsun?
센 이스탄불다 므 오투루욜순?

B : Hayır, ben Seul'de oturuyorum.
하이을. 벤 세울데 오투루요룸.

A : Ben de Seul'de oturuyorum.
벤 데 세울데 오투루요룸.

> **A** : 너는 이스탄불에서 사니?
> **B** : 아니, 나는 서울에서 살아.
> **A** : 나도 서울에서 살아.

기억해줘

- Sen İstenbul'da **mı** oturuyorsun?은 Sen İstanbul'da oturuyor musun?이란 문장에서 '이스탄불'을 강조하기 위해 의문조사 mı가 강조하는 단어의 뒤로 오게 된 것입니다.

5

A : Merhaba! Benim adım Roberto ve İtalyanım.
메르하바! 베님 아듬 로베르토 베 이탈리안음.

Ben İtalyanca ve Türkçe konuşabiliyorum ve
벤 이탈리안자 베 튜르크체 코누샤빌리요룸 베

Roma'da oturuyorum.
로마다 오투루요룸.

B : Merbaba! Benim adım Lora.
메르하바! 베님 아듬 로라.

Ben İngilizim ve Londra'da oturuyorum.
벤 인길리짐 베 론드라다 오투루요룸.

Ben İngilizce, İspanyolca ve Türkçe konuşuyorum.
벤 인길리즈제, 이스파뇰자 베 튜르크체 코누슈요룸.

A : Benim adım Jina ve ben Koreliyim.
베님 아듬 지나 베 벤 코렐리임.

Ben Korece, İngilizce ve Türkçe konuşuyorum.
벤 코레제, 인길리즈제 베 튜르크체 코누슈요룸.

Ben Busan'da oturuyorum.
벤 부산다 오투루요룸.

단어

5

İtalyan : 이탈리아 사람
İtalyanca : 이탈리아어
İtalya : 이탈리아
İspanyol : 스페인 사람
İspanyolca : 스페인어
İspanya : 스페인

A : 안녕! 내 이름은 로베르토이고 이탈리아 사람이야.
　　나는 이탈리아어와 터키어를 하고 로마에서 살아.
B : 안녕! 내 이름은 로라야. 나는 영국 사람이고 런던에서 살아.
　　나는 영어, 스페인어 그리고 터키어를 해.
A : 안녕! 내 이름은 지나이고 나는 한국 사람이야.
　　나는 한국어, 영어 그리고 터키어를 해. 나는 부산에서 살아.

기억해줘

- 나라, 국적, 도시, 언어를 쓸 때는 첫 글자를 항상 대문자로 표기해 줍니다.

6

A : Kaan Seul'de mi yaşıyor?
　　칸　　　세울데　　미　　아쉬요르?

B : Hayır, o Seul'de yaşmıyor. O İstanbul'da yaşıyor.
　　하이을.　오　세울데　　아쉬므요르.　　오　　이스탄불다　　야쉬요르.

A : Pelin? O İstanbul'da mı oturuyor?
　　페린?　오　　이스탄불다　　므　　오투루요르?

B : Hayır, o İtanbul'da oturmuyor. Berlin'de oturuyor.
　　하이을.　오　　이스탄불다　　오툴무요르.　　베를린데　　오투루요르.

A : Sen? Sen Tokyo'da oturuyor musun?
　　센?　　센　　토쿄다　　오투루욜　　무순?

B : Hayır, ben Tokyo'da oturmuyorum.
　　하이을.　벤　　토쿄다　　오툴무요룸.

Ben Pekin'de oturuyorum.
벤　　페킨데　　오투루요룸.

A : 칸은 서울에 사니?
B : 아니, 그는 서울에 살지 않아. 그는 이스탄불에서 살아.
A : 페린은? 그녀는 이스탄불에서 사니?
B : 아니, 그녀는 이스탄불에서 살지 않아. 베를린에서 살아.
A : 너는? 너는 도쿄에서 사니?
B : 아니, 나는 도쿄에서 살지 않아. 나는 베이징에서 살아.

기억해줘

- oturmak과 yaşmak 둘 다 '~에 살다'라는 의미를 가지고 있습니다. 하지만 yaşmak은 포괄적이고 국가, 대도시 단위에 사용되고 oturmak은 상세한 주소, 도시, 구역을 나타낼 때 사용합니다.
  (→동영상 강의 3강 일반/가능형문장)

A : Sen Türkçe konuşabiliyor musun?
센 튜르크체 코누샤빌리욜 무순?

B : Evet. Ben Türkçe konuşabiliyorum.
에베트. 벤 튜르크체 코누샤빌리요룸.

A : Sen Türk müsün?
센 튜르크 뮤순?

B : Hayır, ben Türk değilim. Ben Koreliyim ve Türkiye'de yaşıyorum.
하이을. 벤 튜르크 데일림. 벤 코렐리임 베 튜르키예데 야쉬요룸.

A : Anladım. Sen üniversite öğrencisi misin?
안라듬. 센 유니벨시테 외렌지시 미신?

B : Evet, üniversite öğrencisiyim. Sen de mi?
에베트. 유니벨시테 외렌지시임. 센 데 미?

A : Evet, ben de. Ben Türk Dili ve Edebiyatı bölümünü okuyorum.
에베트. 벤 데. 벤 튜르크 딜리 베 에데비야트 뵤뤼뮈뉘 오쿠요룸.

B : Öyle mi? Ben de.
외이레 미? 벤 데.

A : 너는 터키어를 하니?
B : 응. 나는 터키어를 해.
A : 너는 터키 사람이니?
B : 아니, 나는 터키 사람이 아니야. 나는 한국 사람이고 터키에서 살아.
A : 이해했어(알겠어). 너는 대학생이니?
B : 응, 대학생이야. 너도?
A : 응, 나도. 나는 터키어 문학과에 다녀.
B : 정말? 나도.

단어

Türkiye'de : 터키에서
Anladım. : 이해했습니다.
Üniversite öğrencisi
: 대학생
Türk dili ve edebiyatı
bölümü : 터키어 문학과
Okumak : 공부하다, 읽다,
(~학교, 학과에) 다니다

꼭 필요해!

• Öyle (외이레) : 그렇게, 그냥
Öyle mi? (외이레 미?) : 그러니?, 정말이니?

• 동사어간에 과거시제(di, dı, du, dü)를 붙이고 인칭어미를 써 주면 과거 문장이 완성됩니다.
(→ 문법편 4과 4.2 과거시제)

Soruları

1 부르주의 질문에 답해 보세요.

Burcu : Merhaba, nerelisin?

Ben   : ____

Burcu : Sen Korece konuşabiliyor musun?

Ben   : Evet, ____

Burcu : O zaman Japonca konuşabiliyor musun?

Ben   : Hayır, ____

2 이번에는 여러분이 부르주에게 질문해 보세요.

Ben   : ____

Burcu : Evet, ben memurum.

Ben   : ____

Burcu : Evet, ben İzmir'de oturuyorum. Sen nerede oturuyorsun?

3 다음 사람들을 소개해 보세요.

① Benim adım Ali, Türküm ve Türkçe konuşabiliyorum. İstanbulda oturuyorum.
Ben fırıncıyım.

→ *Onun adı Ali,* _______________________________________

____

____

② Benim adım Sera. Ben Koreliyim ve Korece, Türkçe ve Çince konuşabiliyorum.
Busan'da oturuyorum. Ben öğrenciyim.

→ *Senin adın Sera,* ____________________________________

____

____

Ders

4

Aşk
사랑

⊙ **목표**
좋아하는 것 묻고 답하기

⊙ **회화 포인트**
취미
좋아하다
싫어하다

⊙ **문법 포인트**
sevmek 동사
조사 '을/를'
동사의 명사적 표현

Aşk

1

A : Sen alışveriş yapmayı seviyor musun?
센 알르쉬베리쉬 야프마의 세비욜 무순?

B : Evet, çok seviyorum. Sen?
에베트. 촉 세비요룸. 센?

A : Ben de, alışveriş yapmayı çok seviyorum.
벤 데. 알르쉬베리쉬 야프마의 촉 세비요룸.

> **A** : 너는 쇼핑을 좋아하니?
> **B** : 응, 아주 좋아해. 너는?
> **A** : 나도, 쇼핑을 정말 좋아해.

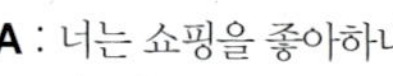

- '~하다'라는 동사의 원형은 끝에 -mak/mek으로 끝납니다. 여기에서 k를 빼면 '~하는 것'이라는 명사적 표현이 됩니다.

alışveriş yap**mak** (알르쉬베리쉬 야프막) : 쇼핑하다
→ alışveriş yap**ma** (알르쉬베리쉬 야프마의) : 쇼핑하는 것

2

A : Spor yapmayı seviyor musun?
스폴 야프마의 세비욜 무순?

B : Hayır, ben spor yapmayı sevmiyorum.
하이을. 벤 스폴 야프마의 세브미요룸.

A : Seyahat yapmayı seviyor musun?
세야핫 야프마의 세비욜 무순?

B : Hayır, seyahat yapmayı da sevmiyorum.
하이을. 세야핫 야프마의 다 세브미요룸.

A : O zaman, kitap okumayı?
오 자만. 키탑 오쿠마의?

Kitap okumayı seviyor musun?
키탑 오쿠마의 세비욜 무순?

B : Hayır, kitap okumayı da sevmiyorum.
하이을. 키탑 오쿠마의 다 세브미요룸.

A : O zaman, televizyon izlemeyi seviyor musun?
오 자만. 텔레비지온 이즈레메이 세비욜 무순?

B : Evet, televizyon izlemeyi seviyorum.
에베트. 텔레비지온 이즈레메이 세비요룸.

A : 너는 스포츠를 좋아하니?
B : 아니, 나는 스포츠를 좋아하지 않아.
A : 너는 여행을 좋아하니?
B : 아니, 여행을 좋아하지 않아.
A : 그럼 독서는? 책 읽는 것을 좋아하니?
B : 아니, 책 읽는 것을 좋아하지 않아.
A : 그럼, 텔레비전 보는 것은 좋아하니?
B : 응, 텔레비전 보는 것은 좋아해.

- 목적어를 가지고 있어야 문장이 완성되는 동사들은 목적어에 '을/를'에 해당하는 조사 ı/i/u/ü를 붙여 줍니다. '~하는 것'이라는 명사적 표현은 끝에 모음으로 끝나므로 사이에 y를 넣어 줍니다.
  alışveriş yapmayı (알르쉬베리쉬 야프마의) : 쇼핑하는 것을
  spor yapmayı (스폴 야프마의) : 운동하는 것을

3

A : O film izlemeyi, yürüyüş yapmayı ve müzik
오 필름 이즈레메이, 유류유쉬 야프마의 베 뮤직

dinlemeyi seviyor. Ama futbol oynamayı sevmiyor.
딘레메이 세비요르. 아마 풋볼 오이나마의 세브미요르.

B : O futbol oynamayı seviyor,
오 풋볼 오이나마의 세비요르,

ama alışveriş yapmayı sevmiyor.
아마 알르쉬베리쉬 야프마의 세브미요르.

A : 그녀는 영화와 산책 그리고 음악을 좋아해. 하지만 축구는 좋아하지 않아.
B : 그는 축구를 좋아하지만, 쇼핑은 좋아하지 않아.

1

Alışveriş : 쇼핑
Sevmek : 좋아하다
Çok : 많이

2

Spor : 스포츠
Seyahat : 여행
Kitap okumak : 독서하다
Televizyon : 텔레비전
İzlemek : 시청하다, 보다

3

Film : 영화
Yürüyüş : 산책
Müzik : 음악
Futbol : 축구

4

A : Sen Türkçe konuşabiliyor musun?
센　　튜르크체　　코누샤빌리욜　　무순?

B : Evet, ben Türkçe konuşabiliyorum.
에베트, 벤　튜르크체　　코누샤빌리요룸

Ben Türkçeyi çok seviyorum.
벤　　튜르크체이　촉　세비요룸.

> **A** : 당신은 터키어를 하십니까?
> **B** : 네, 저는 터키어를 해요. 저는 터키어를 아주 많이 좋아해요.

5

A : Türk dizilerini seviyor musun?
튜르크　　디지레리니　　세비욜　　무순?

B : Evet, Türk dizilerini seviyorum.
에베트, 튜르크　디지레리니　세비요룸.

A : Kore müziğini seviyor musun?
코레　　뮤지이니　　세비욜　　무순?

B : Evet, ben Kore müziğini seviyorum.
에베트, 벤　코레　뮤지이니　세비요룸.

> **A** : 터키 드라마를 좋아하세요?
> **B** : 네, 저는 터키 드라마를 좋아합니다.
> **A** : 한국 음악을 좋아하세요?
> **B** : 네, 저는 한국 음악을 좋아합니다.

기억해줘

- '터키 드라마'처럼 두 명사를 이어 복합명사를 말들 때는 뒤에 오는 명사에 (s)ı/i/u/ü를 붙여 줍니다.

  Türk dizileri (튜르크 디지레리) : 터키 드라마
  Kore müziği (코레 뮤지-이) : 한국 음악
  Alman arabası (알만 아라바스) : 독일 자동차
  Okul kapısı (오쿨 카프스) : 교문

6

A : Seni seviyorum!
세니 세비요룸!

B : Ben de seni seviyorum!
벤 데 세니 세비요룸!

A : 난 너를 사랑해!
B : 나도 사랑해!

기억해줘

- 인칭대명사 뒤에 '을/를' 조사(ı, i, u, ü)를 붙여 '나를, 너를' 등의 목적격으로 만들 수 있습니다.
  단. O는 [모음+모음]이 되므로 가운데에 n을 넣습니다.

  Ben → Ben**i** (베니) : 나를   Sen → Sen**i** (세니) : 너를

  O → O**nu** (오누) : 그를   Biz → Biz**i** (비지) : 우리를

  Siz → Siz**i** (씨지) : 너희를/당신을   Onlar → Onlar**ı** (온라르) : 그들을

A : Kore yemeklerini seviyor musun?
코레　　　예멕레리니　　　세비요르　　　무순?

B : Evet, Kore yemeklerini seviyorum.
에베트.　코레　　　예멕레리니　　　세비요룸.

A : Japon yemeklerini de seviyor musun?
자폰　　　예멕레리니　　데　　세비욜　　무순?

B : Evet, seviyorum.
에베트.　　세비요룸.

A : Çin yemeklerini de seviyor musun?
친　　예멕레리니　　데　　세비욜　　무순?

B : Evet, Çin yemeklerini de seviyorum.
에베트.　친　　예멕레리니　　데　　세비요룸.

A : İtalyan yemeklerini seviyor musun?
이탈리안　　　예멕레리니　　세비욜　　무순?

B : Evet, İtalyan yemeklerini de seviyorum.
에베트.　이탈리안　　예멕레리니　　데　　세비요룸.

A : O zaman Türk yemekleri nasıl? Türk yemeklerini de seviyor musun?
오　자만　튜르크　예멕레리　나슬?　튜르크　예멕레리니　데　세비욜　무순?

B : Tabii ki. Türk yemeklerini çok severim.
타비　키.　튜르크　예멕레리니　촉　세베림.

A : 한국 요리를 좋아하세요?
B : 네, 한국 요리를 좋아해요.
A : 일본 요리도 좋아하세요?
B : 네, 좋아해요.
A : 중국 요리도 좋아하시나요?
B : 네, 중국 요리도 아주 좋아해요.
A : 이탈리아 요리를 좋아하세요?
B : 네, 이탈리아 요리도 매우 좋아합니다.
A : 그럼 터키 요리는요? 터키 요리도 좋아하세요?
B : 물론이죠. 터키 요리를 정말 좋아합니다.

단어

Tabii ki : 물론이죠, 당연하지.

꼭 필요해!

- seviyorum과 severim는 둘 다 '저는 좋아해요, 사랑해요'라는 의미로 쓰이지만, severim은 과거 예전부터 지금 그리고 미래까지 포함되는 습관이나 행동을 나타냅니다. 따라서 좀 더 습관적으로 '매우 좋아한다'는 표현을 할 때는 severim을 씁니다.

1 다음 단어들을 터키어로 써 보세요.

① 쇼핑하는 것 _______________________________

② 말하는 것 _______________________________

③ 가는 것 _______________________________

④ 오는 것 _______________________________

2 빈칸에 알맞은 조사를 넣으세요.

① Sen_______ seviyorum.

② Ben spor yapma_______ sevmiyorum, ama kitap okuma_______ seviyorum.

③ O Türkçe_______ çok seviyor.

④ Biz o_______ seviyoruz, ama siz o_______ sevmiyorsunuz.

3 위의 문장을 우리말로 해석해 보세요.

① 너를 사랑해. _______________________________

② _______________________________

③ _______________________________

④ _______________________________

4 다음 단어를 알맞게 고쳐 보세요.

① Türk müzik ➡ _______________________________

② Tiyatro oyuncu ➡ _______________________________

③ El krem ➡ _______________________________

④ Okul kapı ➡ _______________________________

Ders

5

İnsan
사람

⊙ **목표**
　사람에 대해 말하기

⊙ **회화 포인트**
　성격
　모습
　감정

⊙ **문법 포인트**
　형용사의 활용
　의문대명사 Kim

İnsan

1

A : Sen Mine'yi seviyor musun?
센 미네의 세비욜 무순?

B : Evet, o çok iyi bir kız.
에베트. 오 촉 이이 비르 크즈.

A : Murat, o da iyi, değil mi?
무라트. 오 다 이이. 데일 미?

B : Hayır, o iyi değil.
하이을. 오 이이 데일.

> **A** : 너 미네를 좋아하니?
> **B** : 응, 그녀는 아주 좋은 애야.
> **A** : 무라트는, 그도 좋지, 안 그래?
> **B** : 아니, 그는 좋지 않아.

기억해줘

- İyi는 터키어에서 가장 많이 쓰는 형용사 중 하나입니다. '좋다, 괜찮다'라는 의미로 쓰며 사람과 물건을 표현할 때뿐만 아니라 날씨 등 전반전인 표현에 두루 사용합니다.

2

A : Sami çok iyi. O nazik ve çalışkan.
사미 촉 이이. 오 나직 베 찰르쉬칸.

B : Neşe de çok iyi. Hem de o çok akıllı.
네쉐 데 촉 이이. 헴 데 오 촉 아클르.

A : Baran iyi değil. O nazik değil ve çok tembel.
바란 이이 데일. 오 나직 데일 베 촉 템벨.

> **A** : 사미는 매우 좋아. 그는 상냥하고 성실해.
> **B** : 네쉐도 매우 착해. 게다가 그녀는 매우 똑똑해.
> **A** : 바란은 착하지 않아. 그는 친절하지 않고 매우 게을러.

기억해줘

- 형용사는 앞에 오는 주어에 따라 뒤에 인칭어미를 붙여야 합니다.
  (→문법편 1과 1.2 '～입니다' 평서문 (명사/형용사형))

3

A : Boa kısa ve zayıf. O çok güzel.
보아 크사 베 자이으프. 오 촉 규젤.

B : Rain uzun ve zayıf. O çok yakışıklı.
레인 우준 베 자이으프. 오 촉 야크쉬르.

> **A** : 보아는 작고 날씬해. 그녀는 매우 아름다워.
> **B** : 비는 크고 날씬해. 그는 매우 잘생겼어.

4

A : Ben mutlu değilim. Ben mutsuz ve üzgünüm.
벤 무틀루 데일림. 벤 무트수즈 베 위즈규늄.

B : Hayır, kesinlikle değil. Sen mutsuz değilsin.
하이을. 케신릭레 데일. 센 무트수즈 데일신.

Sen şanslısın.
센 샨슬르슨.

> **A** : 나는 행복하지 않아. 나는 불행하고 슬퍼.
> **B** : 절대로 아니야. 너는 불행하지 않아. 너는 행운아야.

단어

1

Sevmek : 좋아하다
İyi : 착한, 좋은
Kız : 소녀, 처녀, 여자아이, 딸
Değil mi? : 안 그래?

2

Nazik : 친절한, 상냥한
Çalışkan : 성실한
Akıllı : 똑똑한
Tembel : 게으른

3

Kısa : 작은
Zayıf : 날씬한
Güzel : 아름다운, 좋은
Uzun : 큰
Yakışıklı : 잘생긴

4

Mutlu : 행복한
Mutsuz : 불행한
Üzgün : 슬픈
Kesinlikle : 절대로
Şanslı : 행운이 있는, 행운아

5

A : Tanıştığımıza memnun oldum.
타느쉬트-므자　멤눈　올둠.

B : Ben de çok memnun oldum.
벤 데 촉　멤눈　올둠.

> **A** : 만나서 반갑습니다.
> **B** : 저도 만나서 매우 반갑습니다.

6

A : Bugün Tolga çok mutlu.
부균　톨가　촉　무틀루.

B : Öyle mi? Neden?
외이레 미?　네덴?

A : Artık o bir üniversite öğrencisidir.
알특 오 빌　유니벨시테　외렌지시딜.

B : Gerçekten mi? Çok sevindim. Türk Dili ve Edebiyatı
겔첵텐　미? 촉　세빈딤.　튜르크 딜리 베 에데비야트

bölümü öğrencisi mi?
뵈뤼뮈　외렌지시 미?

A : Evet. O İstanbul Üniversitesi Türk Dili ve Edebiyatı
에베트. 오 이스탄불　유니벨시테시　튜르크 딜리 베 에데비야트

bölümü öğrencisidir.
뵈뤼뮈　외렌지시딜.

> **A** : 오늘 톨가는 매우 기뻐.
> **B** : 그래? 왜?
> **A** : 이제 그는 대학생이야.
> **B** : 진짜? 정말 기쁘다. 터키어 문학과 학생이야?
> **A** : 응. 그는 이스탄불 대학교의 터키어 문학과 학생이야.

기억해줘

- '〜학과, 과'는 〜bölümü(뵈뤼뮈)로 표현합니다. 그리고 '〜학과 학생'은 〜bölümü öğrenci 입니다. 예를 들면 Türk Dili ve Edebiyatı bölümü(튜르크 딜리 베 에데비야트 뵈뤼뮈)는 '터키어 문학과', Türk Dili ve Edebiyatı bölümü öğrenci(튜르크 딜리 베 에데비야트 뵈뤼미 외렌지)는 '터키어 문학과 학생'입니다.

Fakülte (퐈퀼테) : 대학, 학부

Tarih (타리흐) : 역사

Biyoloji (비욜로지) : 생물

Kimya (킴야) : 화학

Sosyoloji (소시올로지) : 사회

Uluslararası ilişkiler (울루스랄아라스 일리쉬키렐) : 무역

İşletme (이쉬레트메) : 경영

Eczacılık (에즈사즈륵) : 약학

Hukuk (후쿡) : 법학

Matematik (마테마틱) : 수학

Mimarlık (미말륵) : 건축

Psikoloji (피시콜로지) : 심리학

Tıp (틉) : 의학

Turizm ve Otelcilik (투리즘 베 오텔지릭) : 호텔관광학

단어

6

Bugün : 오늘

Neden : 왜(의문사)

Artık : 이제, 지금

Üniversite : 대학교

Sevinmek : 기뻐하다

A : Idiris kim?
이드리스 킴?

B : Idiris Türk ve İzmir'de oturuyor. O uzun boylu ve yakışıklı.
이드리스 튜르크 베 이즈밀데 오투루욜. 오 우준 보일루 베 야크쉭르.

Spor ve müziği çok seviyor.
스폴 베 뮤지이 촉 세비요르.

A : Fatih kim?
파티흐 킴?

B : Fatih de Türk ve İstanbul'da oturuyor.
파티흐 데 튜르크 베 이스탄불다 오투루욜.

O iyi ve dürüst. Türk müziğini çok seviyor.
오 이이 베 뒤류스트. 튜르크 뮤지이니 촉 세비요르.

A : Cemal ve Emine kim?
제말 베 에미네 킴?

B : Cemal ve Emine Türk ve onlar Türkçe ve İngilizce biliyorlar.
제말 베 에미네 튜르크 베 온랄 튜르크체 베 인길리즈체 빌리욜랄.

Onlar çok nazik ve şefkatlıdır. Onlar partiyi çok seviyorlar.
온랄 촉 나직 베 쉐프카트르들. 온랄 팔티이 촉 세비욜랄.

A : Azize Kim?
아지제 킴?

B : Azize Türk ve o Türkçe, İngilizce ve İspanyolca biliyor.
아지제 튜르크 베 오 튜르크체, 인길리즈제 베 이스파뇰자 빌리욜.

O çalışkan ve çok nazik. Gezmeyi çok seviyor.
오 찰르쉬칸 베 촉 나직. 게즈메이 촉 세비요르.

> **단어**
>
> Kim : 누구
> Dürüst : 정직한
> Müzik : 노래
> Şefkatlı : 너그러운
> Parti : 파티
> Seyahat : 여행

A : 이디리스는 누구입니까?
B : 이디리스는 터키 사람이고 이즈밀에서 삽니다. 그는 키가 크고 잘생겼습니다. 스포츠와 음악을 매우 좋아합니다.
A : 파티는 누구입니까?
B : 파티도 터키 사람이고 이스탄불에서 삽니다. 그는 착하고 정직합니다. 터키 노래를 아주 좋아합니다.
A : 제말과 에미네는 누구입니까?
B : 제말과 에미네는 터키 사람이고 그들은 터키어와 영어를 합니다.
그들은 매우 친절하고 너그럽습니다. 그들은 파티를 매우 좋아합니다.
A : 아지제는 누구입니까?
B : 아지제는 터키 사람이고 그녀는 터키어, 영어 그리고 스페인어를 합니다.
그녀는 성실하고 매우 친절합니다. 여행을 매우 좋아합니다.

꼭 필요해!

- kim은 '누구'라는 의미의 의문대명사로 그 뒤에 오는 문장에는 의문조사가 들어가지 않습니다. 앞으로 ne(무엇), nere(어디), nasıl(어떻게) 등의 의문대명사와 관련 문장들을 공부하게 됩니다. (→문법편 5과 5.4 의문대명사)

1 다음 형용사를 이용해서 자유롭게 문장을 만들어 보세요.

① Güzel

② Çalışkan

③ Mutlu

④ Tatlı

⑤ Tembel

2 아래의 대답에 알맞은 질문을 적어 보세요.

Ben :

Seda : Cem Türk ve Bursa'da oturuyor. O çalışkan ve nazik.

Ben :

Seda : Evet, sosyoloji bölümü öğrencisidir.

3 알맞은 것을 골라 보세요.

Murat çok iyi ve çalışkan.

① Hayır, o (iyi / iyi değil).　　　　② Evet, o (çalışkan / çalışkan değil).

4 자기소개를 해 보세요.

① 이름

② 국적

③ 직업

④ 사는 곳

⑤ 언어

⑥ 좋아하는 것

⑦ 성격

⑧ 모습

Ders

6

Eşya
물건

◉ **목표**
물건에 대해 말하기

◉ **회화 포인트**
소지품
색깔
형태

◉ **문법 포인트**
지시대명사
의문대명사 Ne
소유대명사

1

A : Bu mavi kalem mi?
부 　마비　칼렘　미?

B : Evet, mavi kalemdir.
에베트,　마비　칼렘딜.

A : Bu kırmız kalem mi?
부 　크르므즈　칼렘　미?

B : Hayır, kırmız kalem değil. Siyah kalem.
하이을,　크르므즈　칼렘　데일.　시야흐　칼렘.

> **A** : 이것은 파란색 볼펜이니?
> **B** : 응, 파란색 볼펜이야.
> **A** : 이것은 빨간색 볼펜이니?
> **B** : 아니, 빨간색 볼펜이 아니야. 검정색 볼펜이야.

기억해줘

- Bu는 '이것'이란 뜻입니다.

Bu (부) : 이것　　　　　　Şu (슈) : 저것　　　　　　O (오) : 그것

- 원래 3인칭 단수에 인칭어미로 쓰이는 dir, dır, dur, dür는 보통 생략하는 경우가 많습니다. 다만, 추측의 의미 또는 설명을 하는 경우에는 사용됩니다.
(→문법편 1과 1.2 '～입니다' 평서문 (명사/형용사형))

- **Renk** (렌크) : 색깔

Mavi (마비) : 파란색　　　　　　Yeşil (예쉴) : 초록색

Kırmız (크르므즈) : 빨간색　　　　Siyah (시야흐) : 검정색

Beyaz (베야즈) : 흰색　　　　　　Mor (모르) : 보라색

Pembe (펨베) : 분홍색　　　　　　Sarı (사르) : 노란색

2

A : Bunlar kurşun kalem mi?
분랄 　쿨슌　칼렘　미?

B : Evet, bunlar kurşun kalem.
에베트,　분랄　쿨슌　칼렘.

A : Bunlar silgiler mi?
분랄 　실기렐　미?

B : Hayır, bunlar silgi değiller.
하이을,　분랄　실기　데일렐.

A : 이것들은 연필입니까?
B : 네, 이것들은 연필이에요.
A : 이것들은 지우개인가요?
B : 아니요, 이것들은 지우개가 아닙니다.

기억해줘

● 여러 개의 물건을 이야기할 때는 **bu**의 복수형인 **bunlar**을 사용합니다. **bunlar** 다음에는 명사의 복수형(-lar/ler)이 와야 합니다. 그리고 부정문에서는 **değiller**에 복수형이 있기 때문에 명사에는 붙이지 않습니다.

Bunlar bardaklar. (분랄 발닥랄.) : 이것들은 컵입니다.
Bunlar bardak değiller. (분랄 발닥 데일렐.) : 이것들은 컵이 아닙니다.

3

A : Bu Betül'ün cüzdanı mı?
부　　　베튤륜　　　쥐즈다느　　므?

B : Hayır, bu Betül'ün cüzdanı değil.
하이을.　부　　　베튤륜　　　쥐즈다느　　데일.

Bu Volkan'ın cüzdanıdır.
부　　　볼칸은　　　쥐즈다느들.

A : 이것은 베튤의 지갑입니까?
B : 아니요, 이것은 베튤의 지갑이 아닙니다. 이것은 볼칸의 지갑입니다.

기억해줘

● '~의'라고 소유를 표현할 때는 (n) in/ın/un/ün를 붙여 주고 뒤에 오는 사물에는 앞에 오는 인칭에 따라 인칭어미를 붙여 줍니다.
(→ 문법편 2과 2.2 소유대명사와 인칭어미)

단어

1

Kalem : 볼펜

2

Kurşun kalem : 연필
Silgi : 지우개
Bardak : 컵

3

Cüzdan : 지갑

4

A : Bu ne?
부　네?

B : Çantadır.
찬타들.

A : Bunlar ne?
분랄　　네?

B : Defterler.
데프텔렐.

> **A** : 이것이 무엇입니까?
> **B** : 가방입니다.
> **A** : 이것들은 무엇입니까?
> **B** : 공책들입니다.

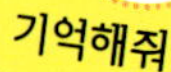

기억해줘

- '이것이 무엇입니까?'라는 질문은 의문대명사 ne(무엇)를 사용해서 Bu ne?로 표현합니다.
  (→문법편 5과 5.4 의문대명사)

- **Kişisel eşyalar** (키쉬셀 에쉬야랄) : 개인 소지품
  Kalem (칼렘) : 연필, 볼펜　　　　　Defter (데프텔) : 공책
  Çanta (찬타) : 가방　　　　　　　　Silgi (실기) : 지우개
  Cetvel (제트벨) : 자　　　　　　　　Anahtar (아나흐타르) : 열쇠
  Cüzdan (쥐즈단) : 지갑　　　　　　　Cep telefon (젭 텔레폰) : 휴대전화

5

A : Bu çok büyük ve harika.
부　촉　뷔육　베　하리카.

B : İstanbul'da mı?
이스탄불다　　므?

A : Evet, İstanbul'dadır.
에베트,　　　이스탄불다들.

B : Ayasofya mı?
아야소피아　　므?

A : Evet, doğru!
에베트,　도오루!

6

A : Bu Ozan'ın çantası mı?
부　　오잔은　　찬타스　므?

Siyah renkli ve çok güzel.
시야흐　렌크리　베　촉　규젤

B : Onun çantası siyah değil, gri renklidir.
오눈　　찬타스　시야흐　데일,　그리　렌크리딜.

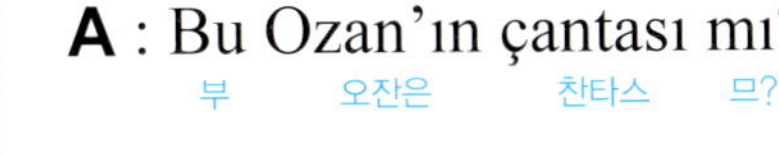

기억해줘

• Onun çantası siyah değil에서 onun은 '그의'라는 의미로, 즉 '오잔의 가방'을 나타냅니다.

단어

4	5	6
Çanta : 가방 Defter : 공책	Bu : 이것(지시대명사) Ayasofya : 성 소피아 성당	Siyah : 검은 Renk : 색 Güzel : 아름다운, 예쁜 Gri : 회색의

A : Bu ne?
부 네?

B : Çanta ve cüzdanlar.
찬타 베 쥐즈단랄.

A : Çanta çok güzel. Hem de pahalı değil.
찬타 촉 규젤. 헴 데 파할르 데일.

B : Evet. Siyah çanta çok güzelmiş.
에베트. 시야흐 찬타 촉 규젤미쉬.

A : Kırmız cüzdan da güzel.
크르므즈 쥐즈단 다 규젤.

B : Hayır, çok küçük ve o kadar da güzel değil.
하이을, 촉 큐축 베 오 카달 다 규젤 데일.

A : Bu kırmız cüzdan çok güzel. Harika, değil mi?
부 크르므즈 쥐즈단 촉 규젤. 하리카, 데일 미?

B : Bu kırmız değil, pembedir. Hem de çok küçük ve güzel değil.
부 크르므즈 데일. 펨베딜. 헴 데 촉 큐축 베 규젤 데일.

A : 이것이 무엇입니까?
B : 가방하고 지갑들입니다.
A : 가방이 참 예쁘네요. 게다가 비싸지 않아요.
B : 맞아요. 검정색 가방이 아주 예쁘네요.
A : 빨간색 지갑도 좋은데요.
B : 아니요, 너무 작고 아주 예쁘지는 않아요.
A : 이 빨간색 지갑은 참 예쁜데요. 아주 예쁘죠, 안 그래요?
B : 이건 빨간색 지갑이 아니라 분홍색 지갑이에요. 게다가 너무 작고 예쁘지 않아요.

> **단어**
>
> Hem de : 게다가
> Pahalı : 비싼
> Kırmız : 붉은색, 빨간색의
> Küçük : 작은
> Harika : 매우 아름다운, 아주 예쁜
> Pembe : 분홍색의

꼭 필요해!

- Siyah çanta çok güzel**miş**.에서 miş는 보통 제3자에 대한 과거의 뜻을 나타내지만 감탄의 의미로도 사용할 수 있습니다.

Soruları

1 Bu ne? / Bunlar ne?

① 초록색 가방들　*Yeşil çantalar*

② 검은색 공책

③ 회색 컴퓨터

④ 분홍색 지갑

⑤ 흰색 지우개들

2 다음에 알맞은 질문을 써 보세요.

Ben　:

Ozan : Bu çantadır.

Ben　:

Ozan : Evet, bu kırmız cüzdan.

Ben　:

Ozan : Onlar bardak değiller.

3 터키어로 표현해 보세요.

① 저것은 빨간색 자동차입니다.

② 그것은 이스탄불 대학교입니다.

③ 저 책은 매우 비싸네요.

④ 저 연필은 예쁘지 않아요.

⑤ 이것들은 가방이 아니에요.

⑥ 그것들은 지우개인가요?

Ders

7

Ev
집

1

A : Mehmet'in evi mi var, yoksa apartmanı mı var?
메흐메틴   에비   미   봐르,   욕사   아파트마느   므   봐르?

B : Onun evi var. Evi büyük ve güzel.
오눈   에비   봐르.   에비   뷔육   베   규젤.

A : 메흐메트는 개인 주택을 가지고 있나요, 아니면 아파트를 가지고 있나요?
B : 그는 개인 주택을 가지고 있어요. 그 집은 크고 매우 예뻐요.

기억해줘

- ~var는 '~있다'라는 뜻으로 사용됩니다.
  (→ 문법편 3과 3.4 var/yok : 있다/없다)
  Araba var. (아라바 봐르.) : 차가 있습니다.
  Bilgisayar var. (빌기사얄 봐르.) : 컴퓨터가 있습니다.

2

A : Senin araban var mı?
세닌   아라반   봐르   므?

B : Hayır, arabam yok ama motosikletim var.
하이을,   아라밤   욕   아마   모토식레팀   봐르.

A : 너는 자동차가 있니?
B : 아니, 자동차를 가지고 있지는 않지만 오토바이를 가지고 있어.

기억해줘

- '~가 있습니까?'라는 질문을 하고 싶을 때는 var 다음에 의문조사 mı를 써 줍니다.
  (→ 문법편 3과 3.4 var/yok : 있다/없다)
  Araba var mı? (아라바 봐르 므?) : 차가 있습니까?
  Bilgisayar var mı? (빌기사얄 봐르 므?) : 컴퓨터가 있습니까?

단어

1	2	3
Ev : 집, 개인 주택	Araba : 자동차	Geniş : 넓은
Yoksa : 또는	Ama : 그러나, 하지만	Bir : 하나, 1
apartman : 아파트	Motosiklet : 오토바이	

3

A : Ali'nin evinde geniş bir salon var.
알리닌　에빈데　게니쉬　비르　살론　봐르.

B : Evinin bahçesi de var mı?
에비닌　바흐체시　데　봐르　므?

A : Evet, bahçesi de var.
에베트,　바흐체시　데　봐르.

B : Mine'nin apartmanında balkon var mı?
미네닌　아팔트마는다　발콘　봐르　므?

A : Hayır, onun apartmanında balkon yok.
하이을,　오눈　아팔트마는다　발콘　욕.

> **A** : 알리의 집에는 큰 거실이 있어요.
> **B** : 그곳에 정원도 있나요?
> **A** : 네, 정원도 있어요.
> **B** : 미네의 아파트에는 발코니가 있나요?
> **A** : 아니요, 그녀의 아파트에는 발코니가 없어요.

기억해줘

- Ali'nin evin<u>de</u> geniş bir salon var.에서 쓰인 **de**는 장소를 나타내며, '〜에'라는 의미입니다.
  (→ 문법편 3과 3.2 **da/de** : 〜에서)

- **Ev** (에브) : 집

Salon (살론) : 거실	Mutfak (무트팍) : 부엌
Tuvalet (투봐렛) : 화장실	Banyo (반요) : 욕실
Bahçe (바흐체) : 정원	Oda (오다) : 방
Balkon (발콘) : 발코니	Garaj (가라쥐) : 차고

4

A : Fatma'nın odasında ne var?
파트마는　오다슨다　네　봐르?

B : Onun odasında yatak, masa, sandaliye,
오눈　오다슨다　야탁,　마사,　산달리예,

kitaplık ve ayna var.
키탑륵　베　아이나　봐르.

A : Salonunda neler var?
살로눈다　네렐　봐르?

B : Salonunda koltuk ve televizyon var.
살로눈다　콜툭　베　텔레비지온　봐르.

A : 파트마의 방 안에는 무엇이 있나요?
B : 그녀의 방 안에는 침대, 책상, 의자, 책꽂이 그리고 거울이 있어요.
A : 거실 안에는 무엇이 있나요?
B : 소파와 텔레비전이 있어요.

기억해줘

- Ne var?는 '무엇이 있습니까?'라는 의미입니다. 이것 역시 의문대명사 ne가 들어가므로 의문조사는 쓰지 않습니다.

- 현재부사(~한/~하는)는 동사어간에 **-en/an**을 붙여 만듭니다.
İzmir'e gid**en** (이즈미레 기덴) : 이즈밀에 가는
Beşiktaş'a gid**en** feribot (베쉭타샤 기덴 풰리보트) : 베쉭타쉬에 가는 페리보트

- **Oda** (오다) : 방

Yatak (야탁) : 침대	Sandalye (산달리예) : 의자
Masa (마사) : 책상	Kapı (카프) : 문
Pencere (펜제레) : 창문	Gardrop (가드롭) : 장롱, 옷장
Kitaplık (키탑륵) : 책꽂이, 책장	Ayna (아이나) : 거울

- **Salon** (살론) : 거실

Koltuk : (콜툭) : 긴 소파	Perde (페르데) : 커튼
Halı (할르) : 카펫	Televizyon (테레비지온) : 텔레비전
Lamba (람바) : 전등, 램프	Sehpa (세흐파) : 거실용 낮은 탁자

5

A : Mutfakta neler var?
무트팍타　네렐　봐르?

B : Mutfakta buzdolabı, çamasır makinesi, mikrodalga
무트팍타　부즈돌라브,　차마쉭　마키네시,　미크로달카

fırın ve ocak var.
프른　베　오작　봐르.

A : Banyo? Banyosu var mı?
반요?　반요수　봐르 므?

B : Tabii, banyosu var. Banyosunda duş kabini,
타비,　반요수　봐르.　반요순다　두쉬　카비니,

lavabo ve ayna var.
라봐보　베　아이나　봐르.

A : 부엌 안에는 무엇이 있나요?
B : 부엌 안에는 냉장고, 세탁기, 전자레인지 그리고 가스레인지가 있어요.
A : 욕실은요? 욕조가 있나요?
B : 물론이죠, 욕조가 있습니다. 욕실에는 샤워실, 세면대 그리고 거울도 있어요.

- **Mutfak** (무트팍) : 주방, 부엌

  Eviye (에뷔예) : 싱크대   Fırın (프른) : 오븐

  Ocak (오작) : 가스레인지   Çöp kutusu (쭙 쿠투수) : 쓰레기통

  Buz dolabı (부즈 돌라브) : 냉장고

  Çamasır makinesi (차마실 마키네씨) : 세탁기

  Bulaşık makinesi (불라식 마키네씨) : 식기세척기

- **Banyo** (반요) : 욕실

  Duş kabin (두쉬 카빈) : 샤워실   Havlu (하블루) : 수건

  Lavabo (라봐보) : 세면대   Ayna (아이나) : 거울

  Sabun (사분) : 비누

6

A : Ankara'da benim bir apartmanım var ve apartmanımda
안카라다   베님   비르   아팔트마늠   봐르 베   아팔트마늠다

büyük bir oda var. Odamda büyük bir yatak var.
뷔윽   빌   오다   봐르.   오담다   뷔윽   비르   야탁   봐르.

B : Hayır. İstanbul'da senin apartmanın yok.
하이을.   이스탄불다   세닌   아팔트마는   욕.

Hem de apartmanında büyük oda yok.
헴   데   아팔트마는다   뷔윽   오다   욕.

Senin odan küçük.
세닌   오단   쿠축.

A : 나는 앙카라에 아파트를 가지고 있고 내 아파트에는 큰 방이 있어요.
그리고 내 방에는 큰 침대가 있어요.

B : 아니. 너는 이스탄불에 아파트가 없어. 게다가 너의 아파트에는 큰 방이 없어.
너의 방은 작아.

- ~yok는 '~없다'라는 뜻으로 사용됩니다.
  (→ 문법편 3과 3.4 var/yok: 있다/없다)

  Araba yok. (아라바 욕.) : 차가 없습니다.

  Bilgisayar yok. (빌기사얄 욕.) : 컴퓨터가 없습니다.

A : Sen villada mı, yoksa apartmanda mı oturuyorsun?
센 뷜라다 므, 욕사 아팔트만다 므 오투루욜순?

B : İstanbul'da apartmanda, Seul'de villada oturuyorum.
이스탄불다 아팔트만다, 세울데 뷜라다 오투루요룸.

A : İstanbul'daki evinde neler var?
이스탄불다키 에빈데 네렐 봐르?

B : Evimde küçük bir salon, oda, mutfak ve banyo var. Evim küçük.
에빔데 큐츅 비르 살론, 오다, 무트팍 베 반요 봐르. 에빔 큐츅.

A : Senin odanda neler var?
세닌 오단다 네렐 봐르?

B : Benim odamda büyük bir yatak, güzel masa ve birçok kitap vardır.
베님 오담다 뷔윰 비르 야탁, 규젤 마사 베 비르촉 키탑 봐르들.

A : Odanda çok Türkçe kitap var mı?
오단다 촉 튜르크체 키탑 봐르 므?

B : Evet, çok Türkçe kitap var. Çantamda da çok Türkçe kitap vardır.
에베트, 촉 튜르크체 키탑 봐르. 찬탐다 다 촉 튜르크체 키탑 봐르들.

A : 너는 개인 주택에 사니, 아니면 아파트에 사니?
B : 이스탄불에서는 개인 주택에서 살고, 서울에서는 아파트에서 살아.
A : 터키에 있는 집에는 뭐가 있어?
B : 나의 집에는 작은 거실, 작은 방, 부엌 그리고 욕실이 있어. 작은 집이야.
A : 네 방에는 뭐가 있어?
B : 내 방에는 큰 침대, 예쁜 책상과 많은 책들이 있어.
A : 네 방에는 터키어 책들이 많이 있니?
B : 응, 터키어 책들이 많이 있어. 내 가방에도 터키어 책들이 많이 있어.

꼭 필요해!

- çok (촉) : 많은 ～
  çok은 명사 앞에서 '많은'이란 의미로 꾸며 주기도 하며, 문장의 마지막에 위치하여 강조의 의미로도 사용될 수 있습니다.

1 빈칸을 채워 보세요.

① 나는 차가 없다. : Benim arabam ______________________.

② 너의 책이 있다. : Senin kitabın ______________________.

③ 너희는 컴퓨터가 없다. : Sizin bilgisayarınız ______________________.

2 다음 사물들은 집의 어디에 있나요?

① Buz dolabı ______________________________________

② Yatak ______________________________________

③ Buş kabin ______________________________________

Salon
Oda
Mutfak
Banyo

3 다음 질문에 자유롭게 답해 보세요.

① A: Senin evinde ne var?

B: ______________________________________

② A: Senin odanda ne var?

B: ______________________________________

③ A: Banyoda ne var?

B: ______________________________________

4 다음 대답에 맞는 질문을 만들어 보세요.

① A: ______________________________________

B: Hayır, salonda fırın yok.

② A: ______________________________________

B: Hayır, tuvalette yatak yok.

③ A: ______________________________________

B: Evet, Ayşe'nin odasında bilgisayar var.

Ders

8

Şehir
도시

◉ **목표**
  도시에 대해 말하기

◉ **회화 포인트**
  도시
  건물
  위치

◉ **문법 포인트**
  a/e : ～로
  의문대명사 Nere

Şehir

1

A : O otel parka uzak mı?
오 오텔 팔카 우작 므?

B : Evet, parka uzaktır.
에베트, 팔카 우작틀.

> **A** : 그 호텔이 공원에서 멀리 있습니까?
> **B** : 네, 공원에서 멀리 있어요.

2

A : Senin evin buraya uzak mı?
세닌 에빈 부라야 우작 므?

B : Hayır, buraya uzak değil, yakındır.
하이을, 부라야 우작 데일, 야큰들.

A : Sinema evine yakın mı?
시네마 에비네 야큰 므?

B : Evet, sinema da buraya yakındır.
에베트, 시네마 다 부라야 야큰들.

> **A** : 너희 집은 이곳에서 멀리 있어?
> **B** : 아니, 여기서 멀지 않아. 여기서 가까워.
> **A** : 영화관은 너희 집 옆에 있니?
> **B** : 응, 영화관도 여기서 가까워.

- a/e는 '～로, ～에'라는 의미로 장소를 나타낼 때 사용합니다.
  (→문법편 3과 3.1 a/e: ～로)

3

A : Kilise nerede?
킬리세 네레데?

B : Kilise burada. Senin önünde.
킬리세 부라다. 세닌 외뉸데.

A : Ah, bu kilise çok güzel.
아흐, 부 킬리세 촉 규젤.

B : Evet, gerçekten çok güzel.
에베트, 겔첵텐 촉 규젤.

A : Kilisenin arkasında ne var?
킬리세닌 알카슨다 네 봐르?

B : Kilisenin arkasında okul var.
킬리세닌 알카슨다 오쿨 봐르.

Okulun yanında belediye binası var.
오쿨룬 야는다 벨레디예 비나스 봐르.

A : 교회가 어디에 있나요?
B : 교회는 여기 있어요. 당신 앞에요.
A : 아, 이 교회는 매우 아름답군요.
B : 맞아요, 정말 매우 아름다워요.
A : 교회 뒤에는 무엇이 있나요?
B : 교회 뒤에는 학교가 있어요. 학교 옆에는 시청이 있고요.

단어

1
Otel : 호텔
Park : 공원
Uzak : 먼

2
Bura : 여기
Buraya : 이리, 이곳으로
Yakın : 가까운

3
Nere : 어디(의문사)
Önünde : ~ 앞에
Arkasında : ~뒤에

기억해줘

- **Şehir** (쉐힐) : 도시
  Restoran (레스토란) : 식당, 레스토랑
  Otel (오텔) : 호텔
  İlk okul (일크 오쿨) : 초등학교
  Lise (리세) : 고등학교
  Kilise (킬리세) : 교회
  Hastane (하스타네) : 병원
  Ev (에브) : 집
  Kütüphane (퀴튭하네) : 도서관
  Metro istasyon (메트로 이스타시온) : 지하철역
  AVM (아붸메) : 백화점
  Market (말켓) : 마트
  Bina (비나) : 건물

  Bar (발−) : 술집, 바
  Okul (오쿨) : 학교
  Orta okul (올타 오쿨) : 중학교
  Üniversite (위니벨시테) : 대학교
  Cami (자미) : 이슬람 사원
  Sinema (시네마) : 영화관
  Kitabevi (키탑에비) : 서점
  Dükkan (듀칸) : 가게
  Durak (두락) : 버스 정거장
  Park (팔크) : 공원
  Müze (뮈제) : 박물관
  Belediye (벨레디예) : 시청

4

A : Affedersiniz bayım. Metro istasyonu nerede?
아페델시니즈 바이음. 메트로 이스타시오누 네레데?

(Metro istasyonuna gitmek istiyorum.)
(메트로 이스타시요누나 기트멕 이스티요룸.)

B : Metro istasyonu mu? AVM'nin karşısındadır.
메트로 이스타시오누 무? 아붸메닌 칼쉬슨다들.

A : AVM nerede?
아붸메 네레데?

B : AVM biraz uzaktadır. Belediyenin yanındadır.
아붸메 빌아즈 우작타들. 벨레디예닌 야는다들.

> **A** : 실례합니다, 아저씨. 지하철역이 어디에 있나요? (지하철역에 가고 싶습니다.)
> **B** : 역이요? 백화점 맞은편에 있어요.
> **A** : 백화점은 어디에 있나요?
> **B** : 백화점은 조금 멀리 있어요. 시청 옆에 있지요.

기억해줘

- **Yer** (옐) : 장소, 위치

Ön (왼) : 앞에	Arka (아르카) : 뒤	Yan (얀) : 옆
Sol (솔) : 왼쪽	Sağ (사 –) : 오른쪽	Üst (위스트) : 위
Alt (알트) : 밑	İç (이취) : 안	Dış (드쉬) : 밖

- 길을 물을 때는 Metro istasyonuna gitmek istiyorum.(지하철역에 가고 싶습니다.) 또는 간단하게 Metro istasyonu nerede?(지하철역이 어디에 있나요?)로 물어볼 수 있습니다. 또 다른 표현으로는 Metro istasyonu arıyorum.(지하철역을 찾습니다.)가 있습니다.

- AVM는 Alış Veriş Merkezi의 줄임말입니다.

5

A : Bu müze muhteşem ve gerçekten çok ilginç.
부 뮤제 뭄테솀 베 겔첵텐 촉 일긴취.

B : Ben müzenin önündeki parkı da seviyorum.
벤 뮤제닌 외뉜데키 팔크 다 세비요룸.

O park çok büyük ve çok güzel çiçekleri var.
오 팔크 촉 뷔윽 베 촉 규젤 치첵레리 바르.

> **A** : 이 박물관은 대단해. 정말 매우 흥미로운 박물관이야.
> **B** : 나는 박물관 앞의 공원도 좋아해.
>   그 공원에는 매우 크고 예쁜 꽃들이 많이 있어.

6

A : Siz nerede oturuyorsunuz?
씨즈 네레데 오투루욜수누즈?

B : Ben Seul'de oturuyorum. Çok canlı bir şehirdir.
벤 세울데 오투루요룸. 촉 잔르 비르 쉐힐딜.

Seul çok kalabalık ve birçok dükkanı var.
세울 촉 칼라발륵 베 비르촉 듀카느 봐르.

Sizin şehiriniz de büyük mü?
씨진 쉐힐리니즈 데 뷰윾 뮤?

A : Büyük bir şehir, ama sakindir.
뷰윾 비르 쉐힐, 아마 사킨딜.

Dükkanlar o kadar çok değil.
듀칸랄 오 카달 촉 데일.

B : Nüfüsu ne kadar?
뉘퓨수 네 카달?

A : Çok değil. Bir köydür. Sadece belediye,
촉 데일. 비르 쾨이듈. 사데제 벨레디에,

cami ve market vardır. Çok sakin.
자미 베 말켓 봐르들. 촉 사킨.

A : 당신은 어디에 사십니까?
B : 저는 서울에서 살아요. 매우 활기찬 도시예요.
서울은 복잡하고 많은 가게들이 있어요. 당신의 도시는요?
A : 큰 도시예요. 하지만 조용해요. 가게들이 많지 않아요.
B : 인구는 많은가요?
A : 많지 않아요. 시골이에요. 시청, 교회 그리고 슈퍼마켓밖에 없어요.
아주 조용해요.

4
Karşısında : ~맞은편에
Biraz : 약간, 조금

5
Muhteşem : 대단한, 훌륭한
İlginç : 흥미로운
Çiçek : 꽃

6
Canlı : 활기찬
Şehir : 도시
Kalabalık : 복잡한, 사람이 많은
Sakin : 조용한
Nüfüs : 사는 사람, 시민
Kadar : ~까지, ~만큼
Köy : 시골, 농촌

기억해줘

- 의문대명사 nere(어디)와 장소를 나타내는 de를 합쳐서 nerede라고 합니다. '어디에, 어디에서'라는 의미입니다.

A : Siz nerede yaşıyorsunuz? Buraya uzak mı?
씨즈 네레데 야쉬욜수누즈? 부라야 우작 므?

B : Evet, Kore'de yaşıyorum. Türkiye'ye çok uzaktır.
에베트, 코레데 야쉬요룸. 튜르키예예 촉 우작틀.

A : Kore nasıl bir ülke?
코레 나슬 비르 윌케?

B : Çok güzel bir ülkedir. Seul'de çok fazla insan, araba ve bina vardır.
촉 규젤 비르 윌케딜. 세울데 촉 퐈즐라 인산, 아라바 베 비나 봐르들.

A : Seul büyük bir şehir midir?
세울 뷰육 비르 쉐힐 미딜?

B : Evet, Seul büyük bir şehir.
에베트, 세울 뷰육 비르 쉐힐.

A : Seul Pekin'e yakın mı?
세울 세킨에 야큰 므?

B : Evet, Seul'le Pekin uzak değil. Seul, Pekin ve Tokyo'nun arasındadır.
에베트, 세울레 페킨 우작 데일. 세울, 페킨 베 토쿄눈 아라슨다들.

A : 당신은 어디에 사세요? 여기서 멀리 사세요?
B : 네, 한국에서 살아요. 터키에서 아주 멀어요.
A : 한국은 어떻습니까?
B : 매우 아름다운 나라예요. 서울은 사람들이 많고, 많은 건물들과 많은 자동차들이 있습니다.
A : 서울은 큰 도시입니까?
B : 네, 서울은 매우 큰 도시입니다.
A : 서울은 베이징과 가까운가요?
B : 네, 서울은 베이징에서 멀지 않아요. 서울은 베이징과 도쿄 사이에 있습니다.

단어

Bina : 건물
Uzak : 먼
Yakın : 가까운

꼭 필요해!

• nasıl은 '어떤, 어떻게'라는 뜻의 의문대명사입니다.

Soruları

1 알맞은 의문대명사를 넣어 보세요.

① Senin evin ______________ de?

② Bu ______________? Bu mavi kalem mi?

③ O ______________? Senin baban mı?

nere
kim
ne

2 다음 빈칸에 알맞은 조사를 넣어 보세요.

① 영화관 옆에 : Sinemanın ____________ında

② 학교 앞에 : Okulun ____________ ünde

③ 아이쉐의 왼쪽에 : Ayşe'nin ____________unda

④ 내 가방 안에 : Çantamın ____________inde

⑤ 해외에 : Yurt ____________ında

⑥ 책상 위에 : Masanın ____________ ünde

⑦ 경찰의 뒤에 : Polisin ____________sında

ön
arka
yan
sol
sağ
üst
alt
iç
dış

3 알맞은 질문을 써 보세요.

① Ben : ____

Sema : Sinema biraz uzaktır. Okulun yanındadır.

② Ben : ____

Sema : Ben Seul'de oturuyorum.

4 위 Sema의 대답 뜻을 써 보세요.

① ____

② ____

Ders

9

Kafe
카페

- ⊙ **목표**
  음료 주문하기

- ⊙ **회화 포인트**
  음료
  lütfen 표현
  계산서

- ⊙ **문법 포인트**
  초월시제의 의뢰형
  명령문

Kafe

1

A : Merhaba, kahve alabilir miyim?
메르하바, 카흐베 알라빌릴 미임?

B : Tabii ki.
타비 키.

> **A** : 안녕하세요, 커피 한 잔 주시겠어요?
> **B** : 네, 알겠습니다.

기억해줘

- ~alabilir miyim?은 조금 길지만 정중한 표현으로 '~를 주시겠어요?'라는 의미입니다. 직역하면 '제가 ~을 받을 수 있을까요?'가 됩니다.
(→ 문법편 8과 8.3 가능/불가능형)

2

A : Bu kahvenin tadı nasıl?
부 카흐베닌 타드 나슬?

B : Çok güzel. Çok beğendim. Sen bu çayı beğendin mi?
촉 규젤. 촉 베-엔딤. 센 부 차의 베-엔딘 미?

A : Fena değil. Çok güzel değil ama kötü de değil.
풰나 데일. 촉 규젤 데일 아마 쿄튜 데 데일.

Sıcak çikolata nasıl?
스작 치콜라타 나슬?

B : Harika. Çok beğendim!
하리카. 촉 베-엔딤!

> **A** : 이 커피 맛있어?
> **B** : 정말 맛있어. 아주 마음에 들어. 너는 이 차 마음에 들어?
> **A** : 나쁘지 않아. 아주 맛있지는 않지만 나쁘지도 않아. 핫초코는 어때?
> **B** : 훌륭해. 아주 좋아!

기억해줘

- Fena değil (풰나 데일) : 나쁘지 않은

- Çok beğendim.에서 beğenmek은 '맘에 들어하다, 좋아하다'라는 뜻의 동사입니다.

3

A : Hoşgeldiniz, ne istersiniz?
호쉬겔디니즈, 네 이스텔시니즈?

B : Bir portakal suyu. Volkan Sen?
비르 폴타칼 수유. 볼칸 센?

C : Ben bir bira, fıçı bira istiyorum.
벤 비르 비라, 프츠 비라 이스티요룸.

A : Japon birası ister misiniz?
자폰 비라스 이스텔 미시니즈?

C : Evet, olur. Japon birası getirin.
에베트, 올룰. 자폰 비라스 게티린.

> **A** : 어서 오세요, 주문하시겠습니까?
> **B** : 오렌지 주스 하나요. 볼칸 너는?
> **C** : 나는 맥주 하나, 생맥주로.
> **A** : 일본 맥주로 드릴까요?
> **C** : 네, 그러죠. 일본 맥주로 주세요.

기억해줘

- Ne istersiniz?는 초월시제의 의뢰형 문장입니다. 초월시제의 의문문은 종종 '～하시겠습니까', '해 주시겠습니까?'라는 의뢰형으로도 쓰입니다.
(→문법편 6과 6.2 초월시제의 의뢰형과 가정형)

- Getirin.은 일반 명령형의 정중한 표현으로 '가져다 주세요.'라는 뜻입니다.
(→문법편 8과 8.1 명령형)

단어

1	2	3
Kahve : 커피, 커피숍	Güzel : 맛있는, 좋은 Beğenmek : 맘에 들다 Çay : 차 Fena/Kötü : 몹쓸, 흉한, 나쁜 Sıcak çikolata : 핫초코	Portakal suyu : 오렌지 주스 Bira : 맥주 Getirmek : 가져오다

4

A : Bir fincan kahve ister misin?
비르　핀잔　카흐베　이스텔　미신?

B : Hayır, teşekkürler. Çok naziksin.
하이을.　테쉐큘렐.　촉　나직신.

A : Amcacım, kahve içer misiniz?
암자즘.　카흐베　이첼　미시니즈?

C : Olur, içerim. Teşekkürler.
올룰.　이체림.　테쉐큘렐.

> **A** : 커피 한 잔 마실래?
> **B** : 아니, 괜찮아(고마워). 참 친절하구나.
> **A** : 아저씨는요, 커피 한 잔 하실래요?
> **C** : 네, 그럽시다. 고마워요.

기억해줘

- Hayır, teşekkürler.처럼 거절할 때는 Hayır만 쓰기보다는 teşekkürler를 붙여 주는 것이 좋습니다.

- amca의 원래 의미는 '삼촌'이지만 친분이 있는 어르신이나 아저씨에게도 쓸 수 있습니다.

- -cım(cim)은 친하고 친분이 있는 사이를 나타냅니다.
  Annecim (안네짐) : 엄마 ～
  Minecim (미네짐) : 미네야 ～

5

A : Balkonda kahve içelim mi?
발콘다　카흐베　이첼림　미?

B : Evet, güzel fikir. Balkonda kahve içmeyi çok severim.
에베트.　규젤　퓌킬.　발콘다　카흐베　이취메이　촉　세베림.

> **A** : 발코니에서 커피 한 잔 마실래?
> **B** : 그래, 좋은 생각이야. 발코니에서 커피 마시는 건 참 좋아.

6

A : Bakar mısınız?
바칼　　　므스느즈?

B : …

A : Bakar mısınız?
바칼　　　므스느즈?

B : Geliyorum, kusura bakmayın.
겔리요룸.　　　쿠수라　　　바크마이은.

A : Hesap, lütfen.
헤삽.　　　뤼트펜.

B : Peki efendim.
페키　　　에펜딤.

A : 잠시만 봐 주시겠어요?
B : …….
A : 여기요!
B : 갑니다, 죄송합니다.
A : 계산서 부탁드립니다.
B : 알겠습니다, 손님.

기억해줘

● 간혹 식당에서 종업원을 부를 때 Usta! 또는 Garson!이라고 하는 경우가 있지만, 이것은 우리가 식당에서 '아줌마!'라고 부르는 것과 비슷합니다. 따라서 위의 표현들보다는 Bakar mısınız?를 쓰는 것이 훨씬 좋습니다.

단어

4

Amca : 삼촌, 아저씨

5

Balkon : 발코니
Fikir : 생각, 아이디어
İçmek : 마시다

6

Hesap : 계산, 계산서
Lütfen : 제발

A : Kahve içer misiniz?
카흐베 　이첼 　미시니즈?

B : Evet, olur.
에베트, 　올룰.

A : Buzlu cafe latte olur mu?
부즐루 　카페 　라떼 　올룰 　무?

B : Evet, iyi. Teşekkür ederim.
에베트, 　이이. 　테쉐퀼 　에데림.

A : Şeker ister misiniz?
쉐켈 　이스텔 　미시니즈?

B : Evet, şeker alabilirim.
에베트, 　쉐켈 　알라빌리림.

A : 커피 한 잔 드시겠어요?
B : 네, 좋지요.
A : 아이스 카페라떼 괜찮아요?
B : 네, 좋습니다. 감사합니다.
A : 설탕도 드릴까요?
B : 네, 설탕 주세요.

단어

Buz : 얼음
Buzlu : 얼음이 들어간
Şeker : 설탕

꼭 필요해!

• Olur mu? (올룰 무?) : 괜찮습니까?, 될까요?
　Olur. (올룰.) : 되죠, 괜찮습니다.

Soruları

1 아래 그림에 알맞은 단어를 넣어 보세요.

① 　② 　③ 　④ 

_______________　_______________　_______________　_______________

⑤ 　⑥ 　⑦ 　⑧ 

_______________　_______________　_______________　_______________

2 다음 우리말 지시에 맞게 터키어로 말해 보세요.

① 웨이터를 불러서 커피 한 잔을 주문해 보세요. ________________________________

② 계산서를 달라고 말해 보세요. ________________________________

③ "맛있어."라고 말해 보세요. ________________________________

④ "맛이 없어요."라고 말해 보세요. ________________________________

⑤ "이 차는 정말 맛있네요."라고 말해 보세요. ________________________________

3 Mine의 질문에 알맞은 대답을 써 보세요.

Mine : Kahve içer misiniz?

Ben　: Hayır, ________________________________

Mine : Bu şarabı beğendiniz mi?

Ben　: Evet, çok ________________________________

Mine : O zaman sıcak çikolata nasıl?

Ben　: Fena değil. ________________________________

Ders 10

Restoran

레스토랑

◉ **목표**
음식 주문하기

◉ **회화 포인트**
테이블
음식
주문

◉ **문법 포인트**
숫자 1-10
의문대명사 Kaç

Restoran

1

A : Hoş geldiniz, kaç kişisiniz?
호쉬　겔디니즈.　카취　키쉬시니즈?

B : Hoş bulduk, dört kişiyiz.
호쉬　불둑.　될트　키쉬이즈.

A : İçerde ya da balkonda, nerede oturmak istersiniz?
이체르데　야　다　발콘다.　네레데　오투막　이스텔시니즈?

B : İçerde, lütfen.
이체르데.　뤼트펜.

A : 어서 오세요, 몇 분이십니까?
B : 안녕하세요, 우리는 4명입니다.
A : 실내 아니면 발코니, 어디에 앉으시겠어요?
B : 실내로 부탁드립니다.

- 터키에서는 2009년부터 모든 카페, 식당은 물론 술집에서도 실내에서는 금연입니다. 따라서 따로 흡연석이 존재하지 않으며 발코니로 나가서 흡연을 해야 합니다.

- kaç는 '몇'을 나타내는 의문대명사로 kişi(명) 다음에 올 경우 '몇 명'이란 뜻이 됩니다.

- **Sayı** (사이으) : 숫자 (→ 준비과정 : 알파벳과 발음편 3. 숫자)

1 bir (비르)	2 iki (이키)	3 üç (위추)	4 dört (될트)
5 beş (베쉬)	6 altı (알트)	7 yedi (예디)	8 sekiz (세키즈)
9 dokuz (도쿠즈)	10 on (온)		

2

A : Pencereye yakın olan şu masayı verin.
펜제레예　야큰　올란　슈　마사의　베린.

B : Affedersiniz. Sizi balkonun yanındaki masaya
아풰델시니즈.　시키　발코눈　야는다키　마사야

alayım mı?
알라이음　므?

A : Evet, tabii ki, teşekkür ederim.
에베트.　타비　키.　테쉬퀼　에데림.

A : 창문 가까이에 있는 저 테이블로 주십시오.
B : 죄송합니다. 발코니 옆의 테이블로 모실까요?
A : 네, 물론이죠. 감사합니다.

- 터키어에서 미래를 나타낼 때는 미래시제를 사용합니다. (→ 문법편 4과 4.3 미래시제)

3

A : Ne yiyeceksin?
네　　이예젝신?

B : Çorba, salata ve döner kebap olan menüyü
초르바,　살라타　베　도넬　케밥　올란　메뉴유

alacağım, sen?
알라자–음.　센?

A : Ben de bu menüyü istiyorum. Sipariş verelim mi?
벤 데 부　메뉴유　이스티요룸.　시파리쉬　베렐림　미?

> **A** : 뭐 먹을 거니?
> **B** : 수프, 샐러드 그리고 됴네르 케밥으로 된 세트 메뉴로 할래, 너는?
> **A** : 나도 이 세트 메뉴로 먹을래. 주문할까?

단어

1

Kaç : 얼마나, 몇 명
Kişi : 사람, ~명
İç : ~안, ~내

2

Masa : 테이블, 책상

3

Yemek : 음식
Menü : 메뉴, 세트 메뉴
Sipariş : 주문

기억해줘

- **Yemek** (예멕) : 동사 '먹다'의 미래시제 변화
  Ben yiyeceğim. (벤 이예제임) : 나는 먹을 거예요.
  Sen yiyeceksin. (센 이예젝신) : 너는 먹을 거예요.
  O yiyecek. (오 이예젝) : 그는 먹을 거예요.
  Biz yiyeceğiz. (비즈 이예제이즈) : 우리는 먹을 거예요.
  Siz yiyeceksiniz. (시즈 이예젝시니즈) : 당신은/너희는 먹을 거예요.
  Onlar yiyecekler. (온랄 이예젝렐) : 그들은 먹을 거예요.

- '~하자'라는 뜻의 청유형은 동사어간에 -elim/alım을 붙여 줍니다.
  (→ 문법편 8과 8.2 청유형)
  vermek (베르멕) : 주다 ➡ ver + elim

- **Yemek** (예멕) : 음식
  Ana yemek (아나 예멕) : 메인 요리
  Çorba (초르바) : 수프
  Salata (살라타) : 샐러드
  Kabap (케밥) : 케밥
  Börek (뵤렉) : 얇은 밀가루 반죽에 속을 넣어 구운 빵
  Tatlı (타틀르) : 디저트
  Kek (켁) : 케이크
  Pide (피데) : 기다란 모양의 터키식 피자
  Rahmacun (라흐마준) : 얇은 밀가루 반죽에 여러가지 야채와 고기를 얇게 펴바르고 구운 요리
  Pilav (필라브) : 터키식 기름과 소금이 들어간 밥
  Dolma (돌마) : 채소 속에 고기와 쌀을 넣고 찐 요리

4

A : İçecek ister misiniz?
이체젝   이스텔   미시니즈?

B : Evet, bir meyve suyu, lütfen.
에베트, 비르   메이베   수유,   뤼트펜.

> **A** : 음료를 원하십니까?
> **B** : 네, 과일 주스 하나 주세요.

5

A : Siparişlerinizi alabilir miyim?
시파리쉬레리니지   알라빌릴   미임?

B : Evet, ben mercimek çorbası ve patlıcan kebabı
에베트, 벤   멜지멕   초르바스   베   파트르잔   케바브

istiyorum.
이스티요룸.

A : Tamam. Siz ne istersiniz?
타맘.   시즈 네 이스텔시니즈?

C : Ben mevsim salata ve döner kebap istiyorum.
벤   메브심   살라타 베   됴넬   케밥   이스티요룸.

A : Ne içersiniz?
네   이첼시니즈?

C : Bir mineral suyu ve şarap, lütfen.
비르   미네랄   수유 베 샤랍,   뤼트펜.

> **A** : 주문하시겠어요?
> **B** : 네, 멜지멕 수프와 가지 케밥으로 하겠습니다.
> **A** : 알겠습니다. 손님은 무엇으로 하시겠습니까?
> **C** : 저는 메브심 샐러드와 됴네르 케밥으로 주세요.
> **A** : 음료는 무엇으로 하시겠습니까?
> **C** : 미네럴워터와 와인 주세요.

기억해줘

● 웨이터가 주문을 받을 때는 '다 고르셨나요?' 혹은 직역하면 '주문을 받아도 될까요?'라는 뜻의
Siparişlerinizi alabilir miyim?을 사용합니다.

6

A : Türk restoranına gitmek istiyor musun?
튜르크　레스토라느나　기트멕　이스티욜　무순?

B : Evet, gidelim. Ne yiyeceksin?
에베트.　기델림.　네　이예젝신?

A : Şiş kebap yiyeceğim. O restoranın kebabı
쉬쉬　케밥　이예제-임.　오　레스토라은　케바브

çok lezzetli.
촉　레젯리.

B : İşkembe çorbası var mı?
이쉬켐베　촐바스　바르　므?

A : Yok. Maalesef.
욕.　마알레세프.

A : 터키 레스토랑에 갈래?
B : 응, 가자. 뭐 먹을래?
A : 쉬쉬 케밥 먹을 거야. 그 레스토랑은 케밥이 아주 맛있어.
B : 내장 수프도 있어?
A : 안타깝게도 없어.

단어

4

İçecek : 음료수
Meyve suyu : 과일 주스

5

Çorba : 수프
Patlıcan : 가지
Salata : 샐러드
Mineral suyu : 미네랄워터
Şarap : 와인 한 병

6

Restoran : 레스토랑
Lezzetli : 맛있는

A : Menü seçtiniz mi? İçecek ister misiniz?
메뉴   세취티니즈 미?   이체젝   이스텔   미시니즈?

B : Evet, iki bardak meyve suyu istiyorum.
에베트, 이키   발닥   메이베   수유   이스티요룸.

A : Salata istiyor musunuz?
살라타   이스티욜   무수누즈?

B : Peynirli salata istiyorum.
페이닐리   살라타   이스티요룸.

A : Tamam. Ana yemeğiniz?
타맘.   아나   예메-이니즈?

B : Ben adana kebap istiyorum.
벤   아다나   케밥   이스티요룸.

A : Acılı olsun mu?
아즐르   올순   무?

B : Evet, acılı olsun.
에베트,   아즐르   올순.

A : 다 고르셨습니까? 음료를 원하시나요?
B : 네, 과일 주스 두 잔 주세요.
A : 샐러드를 드시겠습니까?
B : 치즈 샐러드로 주세요.
A : 알겠습니다. 그리고 메인 요리로는요?
B : 저는 아다나 케밥으로 하겠습니다.
A : 맵게 해드릴까요?
B : 네, 맵게 해 주세요.

단어

Peynirli : 치즈가 들어 있는
Ana yemek : 메인 요리
Acılı : 매운

꼭 필요해!

• 터키의 Adana(아다나) 지역은 동부에 위치하고 있으며 매우 더운 도시입니다. 이 지역의 이름을 딴 Adana kebap은 다른 케밥들에 비해 매운 맛이 강합니다.

Soruları

1 Hoşgeldiniz, kaç kişisiniz?

　① (우리는) 7명입니다.　________________________________

　② (우리는) 14명입니다.　________________________________

　③ (우리는) 301명입니다.　________________________________

2 아래의 메뉴를 보고 주문하는 사람에 맞춰 작문해 보세요.

　① Ben : adana kabap / çoban salatası / soda　(almak)

　　Ben adana kebap ________________________________

　② Eda : kıymalı pide / mevsim salatası / ayran　(istemek)

　　________________________________

　③ Tolga : çiğ köfte / patlıcan salatası / su　(Lütfen)

　　________________________________

3 Varmak(도착하다) 동사를 미래시제를 활용해서 빈칸을 완성해 보세요.

　① Ben　________________________________

　② Sen　________________________________

　③ O　________________________________

　④ Biz　________________________________

　⑤ Siz　________________________________

　⑥ Onlar　________________________________

Ders 11

Pazar
시장

⊙ **목표**
장보기

⊙ **회화 포인트**
빵과 케이크
과일과 야채
고기와 생선

⊙ **문법 포인트**
숫자 10-1000
명사의 형용사적 활용
가격

Pazar

1

A : Merhaba, bir ekmek, bir çikolatalı kek ve yarım kilo
메르하바, 비르 에크멕, 비르 치콜라탈르 케크 베 야름 킬로

baklava, lütfen.
바크라바, 뤼트펜.

B : Tamam, başka bir isteğiniz var mı?
타맘, 바쉬카 비르 이스테-이니즈 봐르 므?

A : Hayır, bu kadar. Teşekkür ederim.
하이을, 부 카달. 테쉐퀼 에데림.

> **A** : 안녕하세요, 빵 하나, 초콜릿 케이크 하나, 그리고 500그램 바크라바 주세요.
> **B** : 알겠습니다, 다른 필요한 것 있으세요?
> **A** : 아니요, 이게 다예요. 감사합니다.

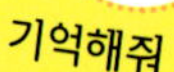

기억해줘

• Başka bir isteğiniz var mı?는 '다른 필요한 것 있으세요?'라는 뜻으로 **istek**은 '원하는 것, 필요한 것, 요청'이란 뜻의 단어입니다. 여기에 인칭어미 **iniz**가 붙어서 자음조화에 의해 **k**가 **ğ** 로 바뀌게 됩니다. (→준비과정: 모음조화/자음조화)

2

A : Merhaba, bir muzlu kek istiyorum.
메르하바, 비르 무즐루 케크 이스티요룸.

B : Tamam, başka bir istediğiniz?
타맘, 바쉬카 비르 이스테디-이니즈?

A : Bir tane de çilekli kurabiye, lütfen.
비르 타네 데 칠렉리 쿠라비예, 뤼트펜.

> **A** : 안녕하세요, 바나나가 들어간 케이크 하나 주세요.
> **B** : 알겠습니다, 더 필요한 것 있으세요?
> **A** : 딸기 쿠키도 하나 주세요.

기억해줘

• 명사에 **lı/li/lu/lü**를 붙여 주면 '～가 있는' 의미의 형용사로 바뀝니다. 반대로 '～가 없는'은 명사 뒤에 **sız/siz/suz/süz**를 붙여 만들 수 있습니다.

muz**lu** (무즐루) ↔ muz**suz** (무즈쑤스)
: 바나나가 있는, 들어간   : 바나나가 없는, 들어가지 않은

3

A : Merhaba, kaşar peynir ve beyaz peynir istiyorum.
메르하바, 카샬 페이닐 베 베야즈 페이닐 이스티요룸.

B : Başka bir isteğiniz?
바쉬카 비르 이스테-이니즈?

A : Bu kadar. Toplam ne kadardır?
부 카달. 토플람 네 카달드?

B : Toplam 7 TL 40 kuruş.
토플람 예디 테레 클크쿠루쉬.

A : 안녕하세요, 양젖 치즈와 흰 치즈 주세요.
B : 더 필요한 것 있으세요?
A : 이게 다입니다. 다 합해서 얼마예요?
B : 다 합해서 7TL 40kuru□ 입니다.

기억해줘

- 터키에는 우리나라의 라면 종류만큼이나 많은 다양한 치즈가 있습니다.

  Peynir (페이닐) : 치즈
  Beyaz peyniri (베야즈 페이니리) : 흰 치즈
  Küp peyniri (큽 페이니리) : 네모 모양의 치즈
  Kaşar peyniri (카샬 페이니리) : 가장 많이 먹는 양젖이 들어간 치즈
  Dil peyniri (딜 페이니리) : 슬라이스 치즈 또는 사람 혀 모양처럼 잘라 놓은 치즈
  Lor peyniri (롤 페이니리) : 염소젖이 들어간 잘 부숴져 작은 덩어리로 된 치즈
  Parma peyniri (파르마페 이니리) : 파마산 치즈
  Antep peyniri (안텝 페이니리) : 딱딱하게 뭉친 안텝 지역의 특산 치즈

- 총 가격을 물을 때는 Toplam ne kadardır?이라고 묻고 대답은 Toplam ～TL.이라고 합니다.

단어

1

Ekmek : (터키인들이 주식으로 먹는) 빵
Çikolatalı : 초콜릿이 들어 있는
Kilo : 킬로
Baklava : 바크라바 (견과류, 꿀 등을 넣어 파이같이 만든 중동 음식)
Başka : 다른
İstek : 원하는 것, 요청 사항

2

Muzlu : 바나나가 들어 있는
Kek : 케이크
Çilekli : 딸기가 들어 있는
Kurabiye : 과자, 쿠키

4

A : Hoşgeldiniz, buyurun?
호쉬겔디니즈, 부유룬?

B : 1 kilo elma almak istiyorum.
비르 킬로 엘마 알막 이스티요룸.

A : Buyurun. Başka istediğiniz var mı?
부유룬. 바쉬카 이스테디-이니즈 바르 므?

B : 100 gram da çilek istiyorum.
유즈 그람 다 칠렉 이스티요룸.

> **A** : 어서 오세요, 주문하시겠어요?
> **B** : 사과 1킬로 주세요.
> **A** : 여기 있습니다. 더 필요한 것 있으세요?
> **B** : 딸기 100그램 주세요.

기억해줘

• Buyurun은 자주 쓰이는 표현으로 누군가에게 무언가를 건네줄 때 '여기요'라는 뜻도 되고 누군가 들어올 때 '먼저' 혹은 '어서'라는 뜻으로도 사용됩니다. 그 외에 문장에 따라 '말씀하세요, 들어오세요, 앉으세요' 등 다양한 의미로 활용됩니다.

• **Meyve** (메이붸) : 과일

Karpuz (칼푸즈) : 수박	Kavun (카분) : 멜론	Ananas (아나나스) : 파인애플
Kivi (키뷔) : 키위	Limon (리몬) : 레몬	Nar (나르) : 석류
Muz (무즈) : 바나나	Mandalina (만달리나) : 귤	Elma (엘마) : 사과
Çilek (치렉) : 딸기	Üzüm (위쥼) : 포도	Şeftali (쉐프탈리) : 복숭아
İncir (인지르) : 무화과		

• **Sayı** (사이으) : 숫자

100 – yüz (유즈)	101 – yüz bir (유즈 비르)
199 – yüz doksan dokuz (유즈 독산 도쿠즈)	200 – iki yüz (이키 유즈)

5

A : Merhaba, 5 tane havuç ve 200 gram patates almak
메르하바, 베쉬 타네 하부취 베 이키유즈 그람 파타테스 알막

istiyorum.
이스티요룸.

B : 3 TL 80 kuruştur.
위취 테레 섹센 쿠루쉬툴.

> **A** : 안녕하세요. 당근 5개와 감자 200그램 주세요.
> **B** : 3TL 80kuru□ 입니다.

- **Sebze** (세브제) : 채소

Domates (도마테스) : 토마토	Patlıcan (파틀르잔) : 가지	Kabak (카박) : 애호박
Lahana (라하나) : 양배추	Biber (비베르) : 고추	Havuç (하부추) : 당근
Soğan (소-안) : 양파	Yeşil soğan (예쉴 소-안) : 파	

6

A : Pazarda neler var?
파잘다　네렐　봐르?

B : Pazarda sebze, meyve, ekmek, kek, balık ve peynir var.
파잘다　세브제,　메이베,　에크멕,　케크,　발륵　베　페이닐　봐르.

A : Yoğurt da var mı?
요-울트　다　봐르　므?

B : Tabii, yoğurt da var. Süt ve yumurta da vardır.
타비,　요-울트　다　봐르.　슛트　베　유물타　다　봐르들.

Pazarda pek çok şey var.
파잘다　펙　촉　쉐이　봐르.

> **A** : 마을의 시장에는 무엇이 있나요?
> **B** : 시장에는 야채, 과일, 빵, 케이크, 생선 그리고 치즈가 있어요.
> **A** : 요구르트도 있나요?
> **B** : 물론이죠, 요구르트도 있어요. 우유와 달걀도 있을 거예요. 시장에는 많은 것들
> 　이 있어요.

6

Pazar : 시장
Şey : 것, 그것

- **Et** (에트) : 고기

  Dana eti (다나 에티) : 소고기　Tavuk eti (타북 에티) : 닭고기　Kuzu eti (쿠주 에티) : 양고기

- **Balık** (발륵) : 생선

Somon (소몬) : 연어	Levrek (레브렉) : 농어	Hamsi (함씨) : 정어리과 작은 생선

- **Deniz ürünleri** (데니즈 위륜레리) : 해산물

  Karides (카리데스) : 새우　Ahtapot (아흐타포트) : 문어

- **Gıda** (그다) : 식료품

Tuz (투즈) : 소금	Un (운) : 밀가루	Şeker (쉐켈) : 설탕
Pirinç (피린취) : 쌀	Makarna (마카르나) : 스파게티 면	

- **Süt ve kahvaltılık** (슈트 베 카흐발트륵) : 유제품과 아침 식사 종류

Yoğurt (요-울트) : 요구르트	Reçel (레첼) : 잼	Süt (슈트) : 우유
Tereyağ (테레야-으) : 버터	Bal (발) : 꿀	

A : Merhaba, 3 tane ananas ve bir kilo çilek, lütfen.
메르하바, 위취 타네 아나나스 베 비르 킬로 칠렉, 뤼트펜.

B : Çileği çok seviyorsunuz!
칠레-이 촉 세비요르수누즈!

A : Doğum günü partisi için alıyorum.
도-움 귀뉴 팔티시 이친 알르요룸.

B : Ah, öyle mi? Sizin doğum günü partiniz mi?
아, 외이레 미? 씨진 도-움 규뉴 팔티니즈 미?

A : Hayır, arkadaşımın doğum günüsü. O belki sever. Bugünkü çilek iyi mi?
하이을, 알카다싀믄 도-움 규뉴슈. 오 벨키 세벨. 부균큐 칠렉 이이 미?

B : Evet, çok tatlı. Ve bu size hediye olsun. Bu kavun da çok tatlı.
에베트, 촉 타틀르. 베 부 시제 헤디예 올순. 부 카분 다 촉 타틀르.

A : Ah, teşekkür ederim. Çok naziksiniz.
아, 테쉐큘 에데림. 촉 나직시니즈.

> **A** : 안녕하세요. 파인애플 3개와 딸기 1킬로 주세요.
> **B** : 딸기를 많이 좋아하시나 봐요!
> **A** : 생일 파티를 위한 거예요.
> **B** : 아, 그래요? 당신 생일인가요?
> **A** : 아니요, 친구 생일이에요. 그가 좋아할 거예요. 오늘 딸기가 맛있나요?
> **B** : 네, 아주 맛있어요. 그리고 이것은 선물이에요. 이 멜론도 아주 맛있어요.
> **A** : 오, 감사합니다. 정말 친절하시네요.

단어

Arkadaş : 친구
Doğum günü : 생일
Hediye : 선물

꼭 필요해!

- Arkadaşımın doğum günü. (알카다싀믄 도-움 귀뉴.) : 친구의 생일입니다.
  Arkadaşımın doğum günü partisi için. (알카다싀믄 도-움 귀뉴) : 친구의 생일파티를 위해서요.

Soruları

1 다음 품목들을 알맞은 칸에 채워 보세요.

① (정육점에서) Kasapta	② (어시장에서) Balık pazarında

karpuz   biber
tavuk   eti
domates   un
kuzu eti   tuz
balık   karides
dana eti   somon
levrek   htapot
hamsi   pirinç

2 주문해 봅시다.

① 닭 한 마리 (Lütfen을 이용하여) _______________________________

② 파인애플 2개 (Lütfen을 이용하여) _______________________________

③ 토마토 500그램 (İstemek 동사를 이용하여) _______________________________

④ 양젖 치즈 1킬로그램 (İstemek 동사를 이용하여) _______________________________

3 터키어로 말해 보세요.

① 다 합해서 5테레입니다. _______________________________

② 다 합해서 9테레 50쿠루쉬입니다. _______________________________

③ 다 합하면 얼마예요? _______________________________

④ 더 필요한 것 있으세요? _______________________________

⑤ 이게 다예요. _______________________________

4 아래 빈칸에 알맞은 표현을 써 보세요.

① 계란이 안 들어간 케이크 : _______________ kek

② 초콜릿 쿠키 : _______________ kurabiye

③ 딸기 아이스크림 : _______________ dondurma

④ 고기가 안 들어간 치이쾨프테 : _______________ çiğ köfte

12

Mağaza
상점

⊙ **목표**
쇼핑하기

⊙ **회화 포인트**
옷과 사이즈
액세서리
가격 묻기

⊙ **문법 포인트**
가능형 ebil/abil
형용사의 비교급
edendi

Mağaza

1

A : Yardımcı olayım mı?
얄듬즈   올라임   므?

B : Evet, deneyebilir miyim?
에베트,   데네예빌릴   미임?

> **A** : 도와드릴까요?
> **B** : 네, 입어 봐도 될까요?

기억해줘

- 동사어간에 ebil/abil을 붙이면 '~할 수 있다'라는 뜻이 됩니다.
  (→ 문법편 8과 8.3 가능/불가능형)
  denemek (데네멕) : 입어 보다
  → dene + y + ebil + 초월시제어미 → deneyebilir (데네예빌릴) : 입어 볼 수 있다

- 가게 종업원이 Yardımcı olayım mı?(도와드릴까요?)라고 물을 때 그냥 구경만 하고 싶으면
  Yok, sağolun.(아니에요, 고맙습니다.)라고 합니다.

2

A : Kaç numara giyiyorsunuz?
카취   누마라   기이욜수누즈?

B : 36 giyiyorum.
오투즈알트   기이요룸.

> **A** : 사이즈가 어떻게 되세요?
> **B** : 36입니다.

3

A : İyi mi?
이이 미?

B : Hayır, çok küçük.
하이을. 촉 큐축.

A : Bu daha iyi mi?
부 다하 이이 미?

B : Evet, bu daha iyi.
에베트, 부 다하 이이.

> **A** : 괜찮으세요?
> **B** : 아니요, 너무 작아요.
> **A** : 이게 더 나은가요?
> **B** : 네, 이게 훨씬 낫네요.

기억해줘

- '더 ～하다'라는 형용사의 비교급을 만들고 싶을 때는 **daha**를 써 줍니다.
  (→문법편 2과 2.4 형용사의 동급, 비교급과 최상급)
  daha iyi (다하 이이) : 더 좋다, 괜찮다　　　　daha küçük (다하 큐축) : 더 작다

- **Kıyafet** (크야펫) : 의류
  Elbise (엘비세) : 원피스, 옷('옷'이란 뜻도 있지만 주로 '원피스'라는 의미로 사용됩니다.)

Etek (에텍) : 치마	Ceket (제켓) : 재킷
Mont (몬트) : 코트	Kot pantolon (코트 판톨론) : 청바지
Pantolon (판톨론) : 바지	Tişört (티쇼트) : 티셔츠
Gömlek (곰렉) : 와이셔츠	Ayakkabı (아약카브) : 신발
Çizme (치즈메) : 부츠	Spor ayakkabı (스폴 아약카브) : 운동화
Terlik (텔릭) : 슬리퍼	Aksesuar (악세수알) : 액세서리
Çorap (초랍) : 양말	Kemer (케멜) : 벨트
Çanta (찬타) : 가방	Cüzdan (쥐즈단) : 지갑
Şemsiye (쉠시예) : 우산	Eşarp (에샤르프) : 이슬람 여성들이 머리에 두르는 스카프
Şal (샬) : 숄	Şapka (샵카) : 모자

단어

1
Yarmdımcı : 도와주다
Denemek : 입어 보다, 신어 보다,
시도해 보다

2
Numara : 번호, 사이즈

3
Daha : 더

4

A : Affedersiniz, deneyebilir miyim?
아풰델시니즈,　데네예빌릴　미임?

B : Tabii, hangisini denemek istersiniz? Kolye? Yüzük?
타비.　한기시니　데네멕　이스텔시니즈?　콜리예?　유쥭?

A : Bu bileziği denemek istiyorum.
부　빌레지-이　데네멕　이스티요룸.

B : Buyurun.
부유룬.

A : Sağolun.
사-올룬.

B : Çok güzel oldu.
촉　규젤　올두.

A : Evet, öyle. Bu bilezik çok harika.
에베트.　외이레.　부　빌레직　촉　하리카.

> **A** : 죄송합니다만, 해 봐도 될까요?
> **B** : 물론이죠, 무엇을 해 보고 싶으세요? 목걸이요? 반지요?
> **A** : 이 팔찌를 해 보고 싶습니다.
> **B** : 여기 있습니다.
> **A** : 감사합니다.
> **B** : 잘 어울리네요. (아주 예뻐요.)
> **A** : 네, 맞아요. 이 팔찌는 정말 아름답네요.

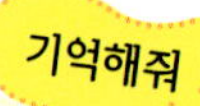

- **Takı** (타크) : 몸에 하는 액세서리

Yüzük (유쥭) : 반지	**Küpe** (큐페) : 귀걸이
Kolye (콜리예) : 목걸이	**Bilezik** (빌레직) : 팔찌

5

A : Senin kolyen çok güzel.
세닌　콜리옌　촉　규젤.

B : Teşekkürler, Ali'nin doğum günü hediyesi.
테쉐큐렐.　알리닌　도-움　귀뉴　헤디예시.

> **A** : 네 목걸이 정말 예쁘다.
> **B** : 고마워, 알리의 생일 선물이야.

6

A : Bu kolye ne kadar?
부 콜리예 네 카달?

B : 150 TL, hanım efendi.
유즈엘리 테레. 하늠 에펜딤.

A : Bakabilir miyim?
바카빌릴 미임?

B : Tabii, buyurun. Bu kolye altındır.
타비. 부유룬. 부 콜리예 알튼들.

A : Kredi kartı ile ödeyebilir miyim?
크레디 칼트 이레 외데예빌릴 미임?

B : Evet. Kredi kartı, çek ve nakit ile ödeyebilirsiniz.
에베트. 크레디 칼트, 쉑 베 나킷 이레 외데예빌릴시니즈.

> **A** : 이 목걸이 얼마예요?
> **B** : 150TL입니다, 손님.
> **A** : 봐도 될까요?
> **B** : 물론이죠, 여기 있습니다. 금목걸이입니다.
> **A** : 신용카드로 지불해도 됩니까?
> **B** : 네, 신용카드, 수표, 현금으로 지불하실 수 있습니다.

단어

6

Bakmak : 보다, 살펴보다
Ödemek : 값을 내다, 지불하다
Nakit : 현금
Çek : 수표
Kredi kartı : 신용카드

기억해줘

- Altın (알튼) : 금　　　　　　Gümüş (귀뮤쉬) : 은

- hanım efendi에서 efendi는 '주인, 장군, 상전'이란 뜻으로 앞에 여성 혹은 남성을 붙여 상대방을 높여 부를 때 사용합니다.
  hanım efendi / bey efendi
  또는 누군가가 부를 때 '네~!'라는 대답은 Edendim!이라고 합니다.

A : Affedersiniz. (Pardon.)
아페델시니즈.　(파르돈.)

B : Buyurun, yardım ister misiniz?
부유룬.　얄틈　이스텔　미시니즈?

A : Evet, şu siyah ceketi denemek istiyorum.
에베트.　슈　시야흐　제케티　데네멕　이스티요룸.

B : Kaç beden giyiyorsunuz?
카취　베덴　기이요르수누즈?

A : 40 giyiyorum.
클크　기이요룸.

B : Buyurun. Size çok yakıştı.
부유룬.　시제　촉　야크쉬트.

A : Bana yakışır mı? Kırmız ceket de deneyebilir miyim?
바나　야크쉴　므?　크르므즈　제켓　데　데네예빌릴　미임?

B : Maalesef. Kırmızı yok. Ama beyaz var, ister misiniz?
마알레세프.　크르므즈　욕.　아마　베야즈　봐르.　이스텔　미시니즈?

A : Olur. Teşekkürler.
올룰.　테쉐큘렐.

    A : 죄송합니다.
    B : 어서 오세요(들어오세요). 무엇을 도와드릴까요?
    A : 네, 저 검정색 코트를 입어 보고 싶습니다.
    B : 사이즈가 어떻게 되십니까?
    A : 40입니다.
    B : 여기 있습니다. 잘 어울리시네요.
    A : 잘 어울리나요? 빨간색 코트도 입어 봐도 될까요?
    B : 빨간색 코트는 없습니다. 죄송합니다. 하지만 하얀색 코트는 있는데, 입어 보시겠어요?
    A : 좋습니다. 감사합니다.

- Maalesef.는 '안타깝습니다. 죄송합니다.'라는 의미의 표현입니다.
- 사이즈를 물을 때는 명사 beden(사이즈, 몸)을 이용해서 Kaç beden giyiyorsunuz?(사이즈를 몇 입으십니까?)이라고 하거나 Kaç numara giyiyorsunuz?(몇 호(사이즈 호수)를 입으십니까?)라고 할 수 있습니다.

Soruları

1 터키어로 표현해 보세요.

① 이 바지를 입어 볼 수 있을까요? _______________

② 38사이즈를 입습니다. _______________

③ 신용카드로 지불해도 되겠습니까? _______________

④ 잘 어울리나요? _______________

⑤ 너무 크네요. _______________

⑥ 이 티셔츠는 얼마입니까? _______________

⑦ 입어 보시겠어요? _______________

⑧ 도와드릴까요? _______________

2 다음 품목들을 알맞은 빈칸에 채워 보세요.

ceket	çanta	eşarp	kolye
küpe	ayakkabı	pantolon	mont
etek	yüzük	bilezik	tişört

① Takı : _______________

② Aksesuar : _______________

③ Kıyafet : _______________

3 빈칸에 알맞은 질문을 넣어 보세요.

① A : _______________

B : Yok sağolun. Gerek yok.

② A : _______________

B : 40 giyiyorum.

Ders 13

İyi günler!
좋은 하루!

- ⊙ **목표**
  하루 일과 말하기

- ⊙ **회화 포인트**
  일과 공부
  나이
  가족

- ⊙ **문법 포인트**
  장소 da/de
  왜 Neden? / Niçin? / Niye?

İyi günler!

1

A : Alo? Tolga? Nasılsınız?

B : İyim. Teşekkür ederim. Ya siz?

A : Ben de iyiyim. Neredesiniz?

B : Ofisteyim. Çalışıyorum. Siz neredesiniz?

A : Ben de ofisteyim. Çalışıyorum.

> **A** : 여보세요? 톨가? 잘 지내셨어요?
> **B** : 잘 지냈어요. 고맙습니다. 당신은요?
> **A** : 저도 잘 지냈어요. 어디세요?
> **B** : 사무실에 있어요. 일하고 있지요. 당신은 어디에 계세요?
> **A** : 저도 사무실에 있어요. 일하고 있어요.

기억해줘

● 전화를 받거나 걸 때는 Alo?(여보세요?)라고 합니다.

2

A : Tolga nerede?

B : Okulda.

A : O çalışkan mı?

B : Evet, çalışkan ve arkadaşları çok.

A : Arkadaşları iyi mi?

B : Evet, çok sevimliler. Sık sık beraber oynuyorlar.

A : Okulda çok ödev veriyorlar mı?

B : Evet, çok ödev veriyorlar.

> **A** : 톨가는 어디에 있어요?
> **B** : 학교에 있어요?
> **A** : 학교에서 공부를 잘하나요?
> **B** : 네, 공부도 잘하고 친구들도 많아요.
> **A** : 친구들이 좋은가요?
> **B** : 네, 정말 사랑스러워요. 자주 같이 놀아요.
> **A** : 학교에 숙제가 많나요?
> **B** : 네, 숙제가 많아요.

- Tolga nerede?에서 쓰이는 de는 장소를 나타내며, '~에'라는 의미입니다.
  (→ 문법편 3과 3.2 da/de : ~에서)

3

A : Siz kaç yaşındasınız?

B : 36 yaşındayım.

A : Senin kocan kaç yaşında?

B : 37 yaşında.

A : Çocuğunuz var mı?

B : Evet, iki tane.

A : Onlar kaç yaşında?

B : Kızım 7 yaşında, ve oğlum 5 yaşındadır.

A : 당신은 몇 살이에요?
B : 36살입니다.
A : 당신 남편은 몇 살이에요?
B : 37살이에요.
A : 아이가 있으신가요?
B : 네, 아이가 둘 있어요.
A : 그들은 몇 살입니까?
B : 제 딸은 7살이고, 제 아들은 5살입니다.

단어

1

Alo : 여보세요
Ofis : 사무실
Çalışmak : 일하다

2

Çalışkan : 부지런한, 성실한, 공부를 잘하는
Sevimli : 귀여운, 사랑스러운
Sık sık : 자주
Beraber : 함께
Oynamak : 놀다
Ödev : 숙제, 과제

3

Yaş : 나이
Koca : 남편
Çocuk : 아이

- 나이는 [kaç yaşında + 인칭어미?] 형태로 물어봅니다.
  Sen kaç yaşındasın? (센 카취 야신다슨?) : 너는 몇 살이니?
  Onlar kaç yaşında? (온랄 카취 야신다?) : 그들은 몇 살입니까?

- **Aile** (아이레) : 가족   **Ana baba** (아나 바바) : 부모
  Anne (안네) : 엄마   **Baba** (바바) : 아빠
  Abla (아블라) : 언니   **Abi** (아비) : 형
  Erkek kardeş (엘켁 칼데쉬) : 남자 형제, 남동생   **Kız kardeş** (크즈 칼데쉬) : 여자 형제, 여동생
  Çocuk (초죽) : 아이   **Eş** (에쉬) : 남편, 부인
  Koca (코자) : 남편   **Bey** (베이) : 남편
  Hanım (하늠) : 부인   **Kız** (크즈) : 딸
  Oğlu (오울루) : 아들   **Anneanne** (안네안네) : 외할머니
  Babaanne (바바안네) : 친할머니   **Dede** (데데) : 할아버지
  Amca (암자) : 삼촌   **Hala** (할라) : 고모
  Teyze (테이제) : 이모   **Dayı** (다이으) : 외삼촌

İyi günler!

4

A : Sabahları ne yapıyorsunuz?

B : Sabah duş aldıktan sonra gazete okuyorum.

A : Kahvaltı yapıyor musunuz?

B : Hayır, yapmıyorum.
Sadece bir bardak çay içiyorum.

A : Neden kahvaltı yapmıyorsunuz?

B : Çünkü sabahları acıkmıyorum.

> **A** : 아침에 무엇을 하시나요?
> **B** : 아침에는 샤워를 하고 신문을 봐요.
> **A** : 아침 식사를 하세요?
> **B** : 아니요, 아침을 먹지 않아요. 커피 한 잔 마셔요.
> **A** : 왜 아침 식사를 안 하세요?
> **B** : 아침에는 배가 고프지 않기 때문에 안 먹어요.

기억해줘

- Ne yapıyorsunuz?은 '무엇을 하십니까?'라는 표현으로 의문대명사 Ne가 들어갔기 때문에 뒤에 의문조사가 붙지 않습니다.

- 터키어에서는 의문대명사 Ne을 다양한 방법으로 변형시켜 '왜?'라고 물어볼 수 있습니다.
  Neden?　　　Niçin?　　　Niye?
  '왜냐하면 ~'이라고 답할 때는 문장에 Çünkü를 붙여 줍니다.

5

A : Öğle yemeğini beraber yiyelim mi?

B : Olur, ne yemek istiyorsun?

A : Bilmem. Sen ne istiyorsun?

B : Çin restoranına gidelim mi?

A : Olur gidelim.

> **A** : 점심 식사 같이 할까?
> **B** : 그래, 뭐 먹고 싶어?
> **A** : 모르겠어(글쎄). 너는 뭐 먹고 싶어?
> **B** : 중국 식당에 갈까?
> **A** : 그래, 가자.

6

A : Kırmız kalem var mı?

B : Evet, kırmız kalem var. İşte!

A : Teşekkürler.

B : Rica ederim.

A : Yeşil kalem var mı?

B : Üzgünüm. (Maalesef.) Yeşil kalem yok.

A : Sorun değil.

> A : 빨간색 볼펜 있니?
> B : 응, 빨간색 볼펜 있어. 자!
> A : 고마워.
> B : 천만에.
> A : 초록색 볼펜 있니?
> B : 미안해. 초록색 볼펜은 없어.
> A : 괜찮아.

기억해줘

- '자, 받아!'라고 할 때는 İşte!(자, 여기!) 혹은 Al!(받아!)라고 합니다. 좀 더 정중한 표현으로는 Buyurun.(여기요.)을 사용합니다.

- '천만에요'를 뜻하는 표현에는 여러 가지가 있습니다.
  Teşekkürler. (테쉐큘렐.) : 고마워
  → Rica ederim. (리자 에데림.) : 천만에.
  → Bir şey değil. (비르 쉐이 데일.) : 별거 아니야.
  → Ne demek. (네 데멕.) : 별말을.

단어

4

Sabah : 아침
Duş almak : 샤워하다
Gazete : 신문
Okumak : 읽다
Acıkmak : 배고프다, 배고픔을 느끼다

5

Bilmemek : 모르다

A : Selam, Levent. İyi misin?

B : Evet, iyiyim. Teşekkür ederim. Amca siz?

A : Ben de iyim. Sağol. Baban, annen iyi mi?

B : Evet, babam ve annem iyi. Babam çalışıyor ve annem evdedir.

A : Kız kardeşin?

B : O iyi. Bugün onun doğum günüdür, çok sevinçli.

A : Kaç yaşında?

B : 9 yaşında. Artık kocaman bir kız oldu.

A : Okulda çalışkan mı?

B : Evet, çalışkan.

A : Sen şimdi nereye gidiyorsun?

B : Üniversiteye gidiyorum. Türkçe dersim var.

A : Öyle mi? O zaman iyi günler, Levent.

B : Sağolun amcacım size de iyi günler dilerim.

> **단어**
>
> Çalışmak : 일하다, 근무하다
> Bugün : 오늘
> Artık : 이젠
> Kocaman : 매우 큰, 다 큰
> Çalışkan : 성실한
> Şimdi : 지금
> Ders : 수업

A : 안녕, 레벤트. 잘 지내니?
B : 네, 잘 지내요. 고맙습니다. 아저씨는요?
A : 나도 잘 지내, 고맙다. 부모님은 잘 지내시지?
B : 네, 저희 부모님은 잘 지내세요. 저희 아버지는 일터에 계시고 어머니는 집에 계세요.
A : 너희 여동생은?
B : 잘 지내요. 오늘 생일이라서 무척 좋아해요.
A : 몇 살이지?
B : 9살이요. 이젠 다 큰 소녀예요.
A : 학교에서 공부를 잘하니?
B : 네, 공부를 잘해요(성실해요).
A : 넌 지금 어디에 가니?
B : 대학교에 가고 있어요. 터키어 수업이 있어요.
A : 그래? 그럼 좋은 하루 보내라, 레벤트.
B : 아저씨 감사합니다, 아저씨도 좋은 하루 되세요.

- '잘 지내지?'는 Nasılsın? 대신 직접적으로 İyi misin?이란 표현을 사용해서 물어볼 수도 있습니다. iyi는 '좋다, 괜찮다'라는 뜻의 형용사로 İyi misin?은 '괜찮지?', '잘 지내지?'라는 의미입니다.

Soruları

1 파란색 볼펜이 필요합니다. 옆 사람에게 볼펜이 있는지 물어보세요.

① Mavi ____________________ mı?

② Teşekkürler.라고 하면 뭐라고 대답할까요? ____________________

③ Üzgünüm.라고 하면 뭐라고 대답할까요? ____________________

2 다음 단어를 순서대로 나열하여 문장을 만들어 보세요.

① yapıyorsunuz / ne / Sabahları / ? ____________________

② bardak / çay / Sadece / içiyorum / bir / . ____________________

③ mi / yemeğini / Akşam / yiyelim / beraber / ? ____________________

④ günler / Size / dilerim / de / iyi / . ____________________

⑤ yaşında / kocan / Senin / kaç / ? ____________________

3 터키어로 표현해 보세요.

① 제 아버지는 서울에 사십니다. ____________________

② 나의 어머니는 화가이다. ____________________

③ 당신의 언니는 쇼핑을 좋아합니까? ____________________

④ 그의 부인은 영어를 할 수 있습니다. ____________________

⑤ 그녀의 오빠는 학생입니다. ____________________

⑥ 그녀는 사무실에서 일하고 있습니다. ____________________

⑦ 제 딸은 학교에서 공부하고 있어요. ____________________

⑧ 그는 학교에 가고 있어요. ____________________

⑨ 이것은 외할머니의 가방이에요. ____________________

⑩ 나이가 어떻게 되십니까? ____________________

14

İyi akşamlar!
좋은 저녁!

⊙ **목표**
저녁 일과 말하기

⊙ **회화 포인트**
휴식
소개하기
için

⊙ **문법 포인트**
～후에(ondan sonra)
n의 활용
～부터 ～까지
강조
～한(diği, dığı, duğu, düğü)

İyi akşamlar!

1

A : Bu akşam yemeğini İtalyan restoranında yiyelim.

B : Neden İtalya restoranında yemek istiyorsun?

A : Çünkü yemek yapmak istemiyorum.

A : 오늘 저녁 식사는 이탈리아 레스토랑에서 먹자.
B : 왜 이탈리아 레스토랑에서 식사하고 싶은데?
A : 왜냐하면 요리하기 싫으니까.

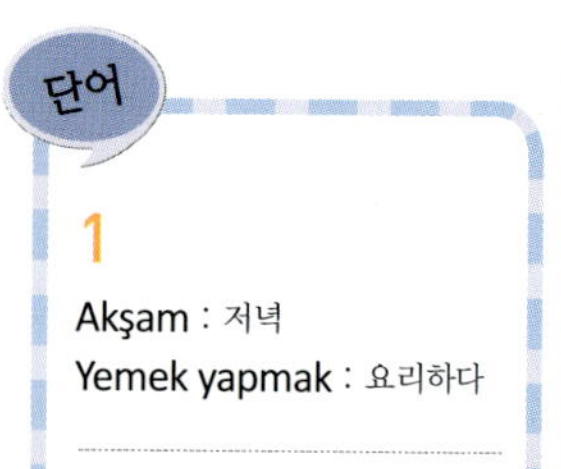

1

Akşam : 저녁
Yemek yapmak : 요리하다

2

İla (İle) : ~와 함께
Ondan sonra : 그 다음에
Biraz : 조금
Yorgun : 피로한

- İtalya와 restoran이 합쳐서 İtalya restoranı라는 하나의 복합명사가 됩니다. 여기에 '~에'라는 뜻의 da/de가 붙으니 원래 İtalya restoranıda가 맞지만 발음상의 이유로 가운데에 개입자음 n을 넣어 İtalya restoranında라고 합니다.

  Öğretmenler odası (복합명사) + n + da
  → Öğretmenler odasında (외테트멘 오다슨다) : 교무실에서

2

A : Bu akşam ne yapacaksın?

B : Ben bu akşam annem ve babam ila akşam yemeği yiyeceğim. Ondan sonra sinemaya gideceğim.

A : Annen, baban iyiler mi?

B : Evet, iyiler. Ama çok çalıştıkları için biraz yorgunlar.

A : Çok mu çalışıyorlar?

B : Evet, her gün sabahtan akşama kadar çalışıyorlar.

A : 너 오늘 저녁에 뭐 할 거니?
B : 오늘 저녁에는 부모님이랑 저녁 먹을 거야. 그 다음에 영화관에 갈 거야.
A : 너희 부모님은 잘 지내셔?
B : 응, 잘 지내셔. 그런데 일을 너무 많이 하셔서 조금 피곤해 하셔.
A : 일을 많이 하셔?
B : 응, 매일 아침부터 저녁까지 일하셔.

- Ondan sonra는 '그 다음에'라는 뜻입니다.

- ~dan/den ~a/e kadar은 '~부터 ~까지'라는 표현입니다. 여기에서의 dan/den 그리고 a/e는 앞에 오는 명사에 따라 그 모습이 바뀔 수 있습니다.
  (→문법편 3과 3.1 a/e : ~로, 3.3 dan/den : ~로부터)

- Çok mu çalışıyorlar?는 원래 Çok çalışıyorlar mı?라는 문장이지만 '많이'를 강조하기 위해 뒤에 있는 의문조사를 앞으로 이동했습니다.

3

A : Oh, bu akşam çok kişi var.

B : Tabii ki. Bugün Ramazan bayramı.

A : Camiler ve dükkanlar çok güzel. Ve herkes mutlu gözüküyor.

B : Evet, ve biz arabadayız.

A : Doğru. Birçok araba var.

B : Birazdan varacak mıyız?

A : Evet, birazdan varacağız.

B : Bugün güzel bir akşam geçelim.

A : Tabii, güzel olacaktır.

A : 아, 오늘 저녁 사람이 많네.
B : 당연하지. 오늘이 라마단이잖아.
A : 사원들하고 가게들이 아름답다. 그리고 모두들 행복해 해.
B : 응, 그리고 우리는 차 안에 있어.
A : 맞아. 차가 너무 많아.
B : 곧 도착해?
A : 응, 곧 도착할 거야.
B : 오늘 저녁에 좋은 저녁을 보내자.
A : 오 그럼, 좋을 거야.

- 터키의 3대 명절 중 하나가 바로 Ramazan bayram(금식기)입니다. 이 라마단 명절은 해가 떠 있는 동안 물 한 모금도 마시지 않는 금식 기간으로, 환자와 노인 그리고 아이들은 건강상의 이유로 지키지 않아도 됩니다. 해가 떠 있는 동안 못 먹는 만큼 저녁에 성대한 만찬을 준비하여 이웃과 친구, 친척들과 함께 먹습니다.

İyi akşamlar!

4

A : İyi akşamlar. Bu akşam nasılsınız?

B : Merhaba. Çok iyiyim. Teşekkür ederim. Bu akşam burada olduğum için çok mutluyum.

A : Ben de. Çok güzel bir akşam, değil mi?

B : Evet, doğru. Ben Zeynep. Tanıştığımıza memnun oldum.

A : Ben de memnun oldum. Benim adım Volkan.

> **A** : 좋은 저녁입니다. 오늘 저녁 어떠세요?
> **B** : 안녕하세요. 아주 좋아요. 감사합니다. 이 밤에 여기 있어서 정말 행복해요.
> **A** : 저도요. 아주 아름다운 저녁이네요, 그렇죠?
> **B** : 네, 맞아요. 저는 제이넵이라고 합니다. 만나서 기쁩니다.
> **A** : 저도 반갑습니다. 저는 볼칸이라고 합니다.

기억해줘

- Bu akşam burada olduğum için çok mutluyum.에서 olduğum은 동사어간에 -diği/dığı/duğu/düğü를 붙이고 명사적 인칭어미를 붙여 '(주어가) ~하는, 한 것'이란 표현입니다.
  burada olduğum için (부라다 올두–움 이친) : 내가 여기 있다는 것이
  tanıştığımıza (타느쉬트–므자) : 알게 된 것이, 만나게 된 것이

5

A : Mehmet bey, yorulmadınız mı?

B : Hayır, yorulmadım. Eda Hanım, siz yorulmadınız mı?

A : Evet, yoruldum.

> **A** : 메흐메트 씨, 피곤하지 않으세요?
> **B** : 네, 안 피곤해요. 에다 씨, 당신은 안 피곤하세요?
> **A** : 아니요. 피곤해요.

기억해줘

- 영어와 같이 질문이 부정형이더라도 대답에 부정어미가 있으면, '아니요(Hayır)'로 대답합니다.
  Yorulmadınız mı? (요룰마드느즈 므?) : 피곤하지 않으세요?
  → Hayır, yorulmadım. (하이을, 요룰마듬.) : 아니요, 피곤하지 않아요.
  → Evet, yoruldum. (에베트, 요룰둠.) : 네, 피곤해요.

6

A : Nasılsın? İyi misin?

B : Evet, çok iyiyim. Sağol. Ah, bu Fatma, çok iyi bir arkadaşım. Ve benimle beraber çalışıyor.

A : Memnun oldum, Fatma Hanım.

B : Bu benim erkek arkadaşım Mehmet.

A : Memnun oldum. İyi akşamlar! Birazdan görüşürüz.

B : Teşekkür ederim. Size de iyi akşamlar! Hoşça kalın!

A : 어떻게 지냈어? 괜찮아?
B : 응, 아주 잘 지내. 고마워. 아, 여기는 파트마야. 아주 좋은 친구야.
　　그리고 나하고 같이 일해.
A : 만나서 기쁩니다, 파트마 씨.
B : 내 남자 친구 메흐메트도 소개할게.
A : 만나서 기쁩니다. 좋은 저녁 보내세요! 조금 있다가 봐요.
B : 감사합니다. 당신도 좋은 저녁 보내세요! 잘 가요!

6

Birazdan : 잠시 후
Görüşürüz : 또 만나요,
봐요
Hoşça kal! : 다음에 보자!,
나중에 보자!

기억해줘

- 사람을 소개할 때도 같은 지시대명사를 사용합니다.
  Bu benim erkek arkadaşım Mehmet. (부 베님 엘켁 알카다심 메흐메트.)
  : 여기는 내 남자친구 메흐메트입니다.
  Bu benim kalemim. (부 베님 칼레밈.) : 이것은 내 연필입니다.
- Hoşça kalın!은 '안녕히 가세요!', Hoşça kal!은 '잘 가!'라는 표현입니다. 이 표현은 시간에 상관없이 두루 사용할 수 있습니다.

A : Yoruldum. Evimde dinleneceğim.

B : Ben de yoruldum. Bu akşam erken yatacağım.

A : Yarın sabah erken mi kalkacaksın?

B : Evet, erken kalkacağim. Sabah Türkçe dersim var. Sen ?

A : Ben geç kalkacağım. Yarın sabah dersim yok.

B : Benim dersten sonrada yapacak birçok ödevim var.

A : Ders ve ödevler sana faydalı olacaktır.

B : Evet, ama bazen uyumak da iyidir.

A : Doğru. Hadi evine git. İyi akşamlar!

B : Sağol canım, sana da iyi akşamlar! Hoşçakal!

A : 피곤하다. 집에 들어가서 쉴래.
B : 나도 피곤해. 오늘 저녁은 일찍 잘래.
A : 내일 아침에 일찍 일어나?
B : 응, 일찍 일어나. 아침에 터키어 수업이 있어. 너는?
A : 나는 늦게 일어나. 내일 아침에 수업이 없어.
B : 나는 수업 끝나서도 해야 할 숙제가 너무 많아.
A : 수업이랑 과제들은 너에게 도움이 될 거야.
B : 응, 그런데 가끔씩 잠을 자는 것도 좋아.
A : 맞아. 어서 집에 들어가. 좋은 저녁 보내!
B : 고마워, 너도 좋은 저녁 보내! 다음에 보자!

단어

Dinlenmek : 쉬다
Yatmak : 자다
Erken : 일찍
Kalkmak : 일어나다
Yarın : 내일
Geç : 늦게
Ders yok. : 수업이 없다.
Ders var. : 수업이 있다.
Bazen : 가끔씩
Doğru : 맞은, 옳은

꼭 필요해!

• Ben dersten sonra**da** yapılacak birçok ödevim var.에서처럼 da/de는 강조하고 싶은 곳 뒤에 붙여 '～도, ～만'이란 뜻으로 쓰입니다. 명사뿐만 아니라 동사 또는 문장 뒤에서도 사용 가능합니다.

Ben oraya gitmek istiyorum**da**. (벤 오라야 기트멕 이스티요룸다) : 저는 거기에 가고 싶습니다만.

Soruları

1 빈칸에 Evet 또는 Hayır을 넣어 보세요.

① Bana yardım etmeyecek misin?

_______________, yardım edeceğim.

_______________, yardım etmeyeceğim.

② Ankara'ya gidecek misin?

_______________, Ankara'ya gideceğim.

_______________, Ankara'ya gitmeyeceğim.

2 터키어로 말해 보세요.

① 그는 매일 학교에 갑니다. _______________________________

② 좋은 저녁 보내세요! _______________________________

③ 나는 매일 아침부터 저녁까지 일해. _______________________________

④ 나중에 봐요. _______________________________

3 gelmek 동사를 주어에 맞게 '～하는, ～한 것'이란 표현으로 써 보세요.

① Ben *geldiğim* _______________________________

② Sen _______________________________

③ O _______________________________

④ Biz _______________________________

⑤ Siz _______________________________

⑥ Onlar _______________________________

Ders 15

İyi hafta sonular!
좋은 주말!

◉ **목표**
주말 일과 말하기

◉ **회화 포인트**
초대하기
약속 정하기
요일

◉ **문법 포인트**
동사 istemek, hiç
동사의 명사형과 인칭어미

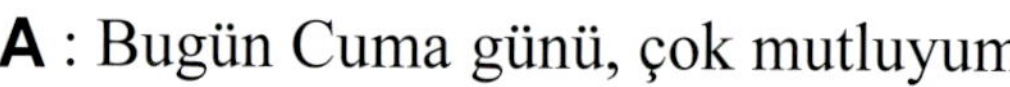

İyi hafta sonular!

1

A : Bugün Cuma günü, çok mutluyum.

B : Bu hafta sonu ne yapıyorsun?

A : Bilmiyorum. Sen?

B : Ben sinemaya gideceğim. Beraber gidelim mi?

> **A** : 오늘 금요일이라서, 정말 좋다.
> **B** : 이번 주말에 뭐해?
> **A** : 모르겠어. 너는?
> **B** : 나는 영화관에 갈 거야. 같이 갈래?

2

A : Pazartesiden Cuma gününe kadar çalışıyorum. Cumartesi günleri tatil ve ben Cumartesileri spor yapıyorum.

B : Pazar günü? Pazar günü ne yapıyorsun?

A : Pazar günü kiliseye gidiyorum.

> **A** : 월요일부터 금요일까지는 일을 합니다. 토요일에는 쉬고 운동을 해요.
> **B** : 일요일은요? 일요일에는 무엇을 하십니까?
> **A** : 일요일에는 교회에 갑니다.

기억해줘

- **Gün** (균) : 일, 날 / **Günü** (규뉴) : ~요일

Pazartesi (파잘테시) : 월	Salı (살르) : 화	Çarşamba (찰샴바) : 수
Perşembe (페르쉠베) : 목	Cuma (주마) : 금	Cumartesi (주말테시) : 토
Pazar (파자르) : 일		

요일의 첫 글자는 항상 대문자로 씁니다.

- Cumartesi günleri와 Cumartesileri를 직역하면 '토요일들'이란 뜻이지만 '(주로) 토요일에' 라는 의미를 가지고 있습니다.

3

A : Bu akşam Ayşe'nin partisine gidecek misin?

B : Hayır, gidemem.

A : Neden gidemiyorsun?

B : Ders çalışmam gerekiyor. Bu hafta sonu yapmam gereken çok ödevim var.

A : Olmaz, gelmelisin. Ödevini Pazar günü yaparsın.

B : Maalesef. Ödevim gerçekten çok, gidemem.

A : Eğer gidemiyorsan, ben de gitmeyeceğim.

B : Olmaz, Eda. Ben gitmeyeceğim. Gitmek istiyorum ama yapamam. Diğer arkadaşlarınla eğlen. Tamam mı?

A : Peki.

A : 오늘 저녁 아이쉐의 파티에 올래?
B : 아니, 못 가.
A : 왜 못 가는데?
B : 공부해야 돼. 이번 주말에 숙제가 너무 많아.
A : 안 돼, 너 와야 해. 숙제는 일요일에 하면 되잖아.
B : 미안하다. 숙제가 진짜 많아서 갈 수가 없어.
A : 만약, 네가 파티에 안 오면, 나도 안 갈 거야.
B : 안 돼, 에다. 난 안 갈 거야. 가고는 싶지만 그럴 수 없어.
    다른 애들이랑 좋은 저녁 보내. 알았지?
A : 그럼 뭐······.

단어

1

Hafta sonu : 주말
Bilmemek : 모르다

2

Pazartesiden Cuma
gününe kadar : 월요일부터
금요일까지
Spor : 운동, 스포츠
Spor yapmak : 운동을 하다
Kilise : 교회, 성당

3

Eğer : 만약
Diğer : 다른

기억해줘

- Gidemem은 '갈 수 없다'는 뜻의 불가능형입니다. 동사어간 뒤에 a/e를 붙여서 '~할 수 없다'라는 뜻이 됩니다.
  (→ 문법편 8과 8.3 가능/불가능형)

- Ders çalışmam gerekiyor.처럼 동사원형 çalışmak에서 k를 빼면 '~하는 것'이란 동사의 명사형이 됩니다. 여기에 인칭어미를 붙이면 '(주어가) ~하는 것'이란 뜻이 됩니다.

- Gelmelisin. [동사의 명사형 + li / lı / lu / lü + 인칭어미]
  동사의 명사형에 li / lı / lu / lü가 붙어서 '와야 하는'이란 뜻이 됩니다.

İyi hafta sonular!

4

A : Nereden geldiniz?

B : Kore'den geldim.

A : Kuzey Kore mi, Güney Kore mi?

B : Güney Kore'den geldim.

> **A** : 에디에서 오셨어요?
> **B** : 한국에서 왔어요.
> **A** : 북한에서 오셨어요, 남한에서 오셨어요?
> **B** : 남한에서 왔어요.

5

A : Bu hafta sonu ne yapıyorsun?

B : Bu hafta sonu hiçbir şey yapmıyorum.

A : Hiçbir şey mi?

B : Hiçbir şey.

A : Futbol oynayabiliyor musun?

B : Hayır, hiç futbol oynamadım.

A : Hiç mi?

B : Hiç.

> **A** : 이번 주말에 뭐 해?
> **B** : 이번 주말에 아무것도 안 해.
> **A** : 아무것도?
> **B** : 아무것도.
> **A** : 축구할 줄 알아?
> **B** : 아니, 축구는 전혀 안 해 봤어.
> **A** : 전혀?
> **B** : 전혀.

기억해줘

- Hiç는 '전혀'라는 뜻으로 hiçbir şey는 '아무것도'라는 의미입니다.

6

A : Yarın ne yapıyorsun?

B : Yarın Ayşe'yle Mısır fotoğrafları sergisi'ye gideceğim.

A : Cumartesi?

B : Arkadaşlarımla dışarıya çıkacağım. Bizimle beraber gelmek ister misin?

A : Nereye gideceksiniz?

B : Gece klübüne gideceğiz.

A : Ben AVM'de alışveriş yapacağım.

B : Öyle mi? AVM'ye ne zaman gideceksin? Cumartesi yada Pazar?

A : Pazar günü öğleden sonra. İstersen gel.

B : Tamam. Senin evinde buluşalım mı?

A : Olur, evimde buluşalım.

B : O zaman, Pazar günü görüşelim.

A : 내일 뭐 해?
B : 내일 아이쉐랑 이집트 사진 전시회에 갈 거야.
A : 토요일은?
B : 친구들이랑 외출할 거야. 우리랑 같이 갈래?
A : 어디로 가는데?
B : 클럽에 갈 거야.
A : 나는 백화점에 가서 쇼핑할 거야.
B : 그래? 백화점에 언제 갈 건데? 토요일 아니면 일요일?
A : 일요일 오후에. 오고 싶으면 와도 돼.
B : 그래. 너희 집에서 만날까?
A : 그렇게 하자, 우리 집에서 보자.
B : 그럼, 일요일에 보자.

단어

4

Kuzey Kore : 북한
Kuzey : 북
Güney Kore : 남한
Güney : 남

5

Hiçbir : 아무것도
Oynamak : 놀다, (스포츠를) 하다
Futbol : 축구
Futbol oynamak : 축구를 하다
Hiç : 전혀

6

Sergi : 전시회
Mısır : 이집트
Gece Klübü : 클럽, 디스코
AVM (Alış Veriş Merkezi) : 백화점
Alışveriş : 쇼핑
Alışveriş yapmak : 쇼핑하다
Ne zaman : 언제
Buluşmak : 만나다

기억해줘

- 일반적인 동사 앞에는 다른 동사의 원형이 올 수 없지만, '원하다'는 뜻의 동사 istemek(이스테멕) 앞에는 다른 동사의 동사원형이 와서 '~하고 싶다'라는 뜻이 됩니다.

  Gitmek istiyorum. (기트멕 이스티요룸.) : 가고 싶습니다.
  Gelmek ister misin? (겔멕 이스텔 미신?) : 올래?

A : Sinan Bey, dersten sonra ne yapacaksınız?

B : Dersten sonra arkaşlarımla dışarıya çıkacağım.
Birazdan kafede buluşacağız.

A : Siz? Tolga Bey biraz sonra ne yapacaksınız?

C : Evime gidip dinleneceğim.

A : Sami Bey? Siz de evinize mi gideceksiniz?

D : Hayır, benim çok işim var. Ofise gideceğim.

H : Mine Hanım, dersten sonra nereye gideceksiniz?

E : Bilmem. Erkek arkadaşımla sinemaya gitmek istiyorum.

H : Gül Hanım, siz nereye gideceksiniz?

F : Ben spor yapacağım. Tenis yapmaya gideceğim.

H : Fatma Hanım? Siz ne yapacaksınız?

G : Eşimle işim var. Aılşverişe gideceğiz.

H : O zaman, herkese iyi günler diyorum.
İyi haftasonları ve Pazartesi görüşürüz!

A : 시난 씨, 수업 후에 뭐 하실 거예요?
B : 수업 후에는 친구들이랑 외출할 거예요. 잠시 후에 커피숍에서 만나야 해요.
A : 당신은요? 톨가 씨는 잠시 후에 뭐 하세요?
C : 이따가 집에 들어가서 쉴 거예요.
A : 사미 씨는요? 당신도 댁으로 가실 건가요?
D : 아니요, 저는 일이 많아서 사무실에 가야 해요.
H : 미네 씨는 수업 후에 어디로 가시나요?
E : 모르겠어요. 남자친구랑 영화관에 가고 싶어요.
H : 굴 씨, 당신은 어디로 가세요?
F : 저는 운동하러 가요. 테니스 치러 갈 거예요.
H : 파트마 씨는요? 무엇을 하실 건가요?
G : 남편이랑 약속이 있어요. 쇼핑하러 갈 거예요.
H : 그럼 모두들 좋은 하루 되세요. 좋은 주말 되시고 월요일에 만나요!

단어

Sonra : ~후에
Dersten sonra : 수업 후에
Hanım : 영어의 Mrs. ~씨
Bey : 영어의 Mr. ~씨
Tenis yapmak : 테니스를 치다
Tenis : 테니스

꼭 필요해!

• İşim var.은 '일이 있습니다'라는 뜻 이외에도 '약속이 있습니다'라는 의미로 사용됩니다.

• Tenis yapmaya gideceğim.처럼 동사의 명사형에 ya/ye를 붙이면 '~하러, 하려'라는 뜻이 됩니다.
kitap okumaya (키탑 오쿠마야) : 책을 읽으러

Soruları

1 다음 문장을 터키어로 써 보세요.

① 학교에 갑니다.

② 학교에 가는 것을 좋아합니다.

③ 학교에 가고 싶습니다.

④ 학교에 갈 수 있습니다.

⑤ 학교에 갈 수 없습니다.

⑥ 학교에 가야 합니다.

2 아래 요일을 사용하여 자유롭게 문장을 만들어 보세요.

Pazartesi, Salı, Çarşamba, Perşembe, Cuma, Cumartesi, Pazar

①

②

③

3 다음 대화를 우리말로 해석해 보세요.

A : Dersten sonra ne yapacaksın?

B : Dersten sonra annemin evine gideceğim. Sen ne yapacaksın?

A : Arkadaşlarımla gece klübüne gideceğiz. İstersen sende gelebilirsin.
　　Akşam 7'de taksim meydanda buluşacağız.

B : Öyle mi? Çok sevindim!

A :

B :

A :

B :

16

Hobi
취미

◉ **목표**
취미에 대해 말하기

◉ **회화 포인트**
취미
신체
아프다(ağrımak/acımak)

◉ **문법 포인트**
의문대명사 Ne
가정형

Hobi

1

A : Hobilerin nedir?

B : Ben bahçe bakımı yapmayı seviyorum.

A : Neden?

B : Cünkü ben çiçekleri ve ağaçları çok severim.

> **A** : 취미가 뭐야?
> **B** : 나는 정원 가꾸기를 좋아해.
> **A** : 왜?
> **B** : 왜냐하면 나는 꽃과 나무들을 정말 좋아하거든.

기억해줘

- **Hobi** (호비) : 취미
- Müzik (뮤직) : 음악
- Kitap (키탑) : 책
- Televizyon (텔레비지온) : 텔레비전
- Tiyatro (티야트로) : 연극
- Fotoğraf (포토–라프) : 사진
- Seyahat (세야핫) : 여행
- Dizi (디지) : 드라마
- Bisiklet (비시클렛) : 자전거
- Resim (레심) : 그림
- Kayak (카약) : 스키
- Bilgisayar oyunu (빌기사얄 오유누) : 컴퓨터 게임
- Film (필름) : 영화
- Yürüş (유류쉬) : 산책
- Futbol (풋볼) : 축구
- Araba (아라바) : 자동차
- Bahçe (바흐체) : 정원

2

A : Ben sporları çok seviyorum. Özelikle de futbol.

B : Sık sık futbol oynar mısınız?

A : Hayır, hiç futbol oynamıyorum ama her gün televizyondan izliyorum.

> **A** : 저는 스포츠를 좋아합니다. 특히 축구를요.
> **B** : 축구를 자주 하시나요?
> **A** : 아니요, 축구를 절대로 하지는 않는데 매일 텔레비전으로 축구를 봐요.

기억해줘

- özel은 '특별하다, 특수하다'라는 뜻으로 özelikle는 '특히'라는 뜻으로 사용할 수 있습니다.
- her(매~)에 gün(날, 일)을 붙여 her gün(매일)이 됩니다.

3

A : Hafta sonu ne yapıyorsun?

B : Hafta sonu spor yapıyorum. Dağa çıkıyorum.

A : Ben de dağa çıkmayı severim.

B : Arasıra da paten kayıyorum.

A : Paten ile kaymak zor, değil mi?

B : Hayır, zor değil. Kolaydır. İstersen bir gün beraber paten kaymaya gidelim.

A : Olur, ama benim patenim yok.

B : Benim kız kardeşimin patenini kullanabilirsin. Ayakkabı numaran kaç?

A : 37 dir.

B : Aynı numara. Bakalım. Paten kolay.

A : 주말에 보통 뭐 해?
B : 주말에는 운동해. 등산을 자주 가.
A : 나도 등산을 좋아하는데.
B : 가끔씩은 인라인스케이트를 타.
A : 인라인스케이트 어렵지, 안 그래?
B : 아니, 어렵지 않아. 쉬워. 원한다면 언제 같이 인라인스케이트 타러 가자.
A : 좋지, 그런데 나는 인라인스케이트를 갖고 있지 않아.
B : 내 여동생 인라인스케이트를 신어도 돼. 사이즈가 어떻게 돼?
A : 37이야.
B : 딱 맞네. 두고 봐. 인라인스케이트 쉬워.

단어

1

Hobi : 취미
Çiçek : 꽃
Ağaç : 나무

2

En : 가장
Özelikle : 특히
Sık sık : 자주
İzlemek : 시청하다, 보다

3

Arasıra : 가끔씩, 종종
Zor : 어려운
Kolay : 쉬운
Bir gün : 어느 날, 언젠가
Kullanmak : 사용하다, 신다
Aynı : 같다
Bakmak : 보다

기억해줘

● 시제에 가정어미 -se/sa와 인칭어미를 붙이면 '〜한다면'이란 가정형이 됩니다.

İster + se + m → İstersem　　내가 원한다면
İster + se + n → İstersen　　네가 원한다면
İster + se → İsterse　　그/그녀가 원한다면
İster + se + k → İstersek　　우리가 원한다면
İster + se + niz → İsterseniz　　너희가/당신이 원한다면
İster + se + ler → İsterseler　　그들이 원한다면

4

A : Dikkat et!

B : Ah, acıyor.

A : İyimisin?

B : Hayır, iyi değilim. Acıyor.

A : Neresi acıyor?

B : Dizim ve başım acıyor.

A : Hadi. Eczaneye gidelim.

> **A** : 조심해!
> **B** : 아, 아파.
> **A** : 괜찮아?
> **B** : 아니, 안 괜찮아. 아파.
> **A** : 어디가 아파?
> **B** : 무릎하고 머리가 아파.
> **A** : 가자. 약국으로 가자.

기억해줘

- ağrımak/acımak은 둘 다 '아프다'라는 뜻의 동사이지만 의미가 조금 다릅니다. ağrımak은 '쑤시다'라는 의미로 '관절통, 두통'의 의미로 사용하고 acımak은 '쓰리고 아픈 것'으로 살갗이 다치거나 찔렸을 때 사용합니다.

- **Vücüt** (뷔쥬트) : 몸

Yüz (유즈) : 얼굴	Baş (바쉬) : 머리
Saç (사취) : 머리카락	Göz (교즈) : 눈
Kulak (쿨락) : 귀	Burun (부룬) : 코
Ağız (아-으즈) : 입	Diş (디쉬) : 이, 치아
Dil (딜) : 혀	Kol (콜) : 팔
El (엘) : 손	Parmak (파르막) : 손가락
Bacak (바작) : 다리	Diz (디즈) : 무릎
Ayak (아약) : 발	Ayak parmağı (아약 파르마기) : 발가락

5

A : Neyiniz var? Hasta mısınız?

B : Evet, hastayım. Başım ağrıyor.

> **A** : 무슨 일이에요? 아프세요?
> **B** : 네, 아파요. 감기에 걸렸어요. (머리가 아파요.)

• 의문대명사 Ne에다가 인칭대명사를 붙이면 Neyiniz var?(무슨 일이에요?)라는 표현이 됩니다.

6

A : Soyadınız ne?

B : Soyadım Tut.

A : Adınız ?

B : Adım Cahit.

A : Ne iş yapıyorsunuz?

B : Ben fotoğrafçıyım.

A : Kaç yaşındasınız?

B : 34 yaşındayım.

A : Hangi dilleri konuşabiliyorsunuz?

B : Korece, Türkçe ve ingilizce biliyorum.

A : Hobileriniz neler?

B : Kitap okumayı seviyorum. Türk romanları okuyorum.

단어

4

Eczane : 약국

6

Soyad : 성
Ad : 이름
İş : 직업
Dil : 언어, 혀
Roman : 소설책
Okumak : 읽다

A : 성이 무엇입니까?
B : 제 성은 투트입니다.
A : 당신의 이름은요?
B : 제 이름은 자히트입니다.
A : 당신의 직업은 무엇입니까?
B : 저는 사진작가입니다.
A : 나이가 어떻게 되십니까?
B : 34살입니다.
A : 어떤 언어를 하십니까?
B : 한국어, 터키어 그리고 영어를 합니다.
A : 취미가 무엇입니까?
B : 독서를 좋아합니다. 터키 소설을 자주 읽습니다.

A : Bugünlerde neler yapıyorsun?

B : Türkçe çalışıyorum.

A : Öyle mi? Türkçe zor, değil mi?

B : Tabii, zor. Ama her dil zordur.

A : Türk şarkılarını seviyor musun?

B : Evet, Türk şarkılarını çok seviyorum. Sıkça dinliyorum. Sen?

A : Ben Türk filmlerinide çok seviyorum. Sıkça izliyorum.
Türkçe güzel bir dildir.

B : Ve o kadar zor bir dil değil. Benimle beraber Türkçe öğrenmek ister
misin?

A : Olur, ama gerçekten zor değil mi?

B : Eğer Türkçe öğrenmek istiyorsan, ben de iyi bir Türkçe kitabı var.

A : 요즘 뭐 해?
B : 터키어를 배우고 있어.
A : 그래? 터키어 어렵지, 안 그래?
B : 당연하지, 어려워. 하지만 모든 언어는 어려워.
A : 터키 노래를 좋아해?
B : 응, 터키 노래 아주 좋아해. 터키 노래를 자주 들어. 너는?
A : 나는 터키 영화를 아주 좋아해. 터키 영화를 자주 봐. 터키어는 아름다운 언어야.
B : 그리고 아주 어려운 언어는 아니야. 나랑 같이 터키어 배워 볼래?
A : 좋지, 그런데 진짜 어렵지 않아?
B : 만약 터키어를 배우고 싶으면, 나한테 아주 좋은 터키어 책이 있어.

단어

Bugünlerde : 요즘
Müzik : 노래
Dinlemek : 듣다
Film : 영화
İzlemek : 보다, 시청하다

꼭 필요해!

• **Eğer** Türkçe öğrenmek istiyorsan, ben de iyi bir Türkçe kitabı var.에서 Eğer은 '만약'이란 뜻으로 뒤에 가정형을 붙여서
'만약 ~하다면, ~하다'라는 뜻이 됩니다.

Soruları

1 초월시제 Yapar를 주어에 맞게 가정형으로 바꾸어 보세요.

① Ben _______________   ② Biz _______________

③ Sen _______________   ④ Siz _______________

⑤ O _______________   ⑥ Onlar _______________

2 터키어로 써 보세요.

① 조심해! _______________

② 머리가 아파. (두통) _______________

③ 감기에 걸렸어요. _______________

④ 무릎이 아파. (까졌을 때) _______________

⑤ 무릎이 아파. (관절통) _______________

3 다음 질문에 답해 보세요.

Hobilerin nedir?

① 음악 듣는 것을 좋아해요. _______________

② 책 읽는 것을 좋아해요. _______________

Hafta sonu ne yapıyorsun?

③ 주말에는 드라마를 봅니다. _______________

Spor yapmayı seviyor musun?

④ 아니요, 축구는 절대로 하지 않습니다. _______________

Ders 17

Tatil

휴가

⊙ **목표**
휴가 떠나기

⊙ **회화 포인트**
계절
산
바다

⊙ **문법 포인트**
분사
daha fazla
bir dakika

Tatil

1

A : Yaz tatili geldi!

B : Evet, ama üzgünüm.

A : Neden?

B : Çünkü tatile gidemiyorum.

A : Tatile gidemiyor musun?

B : Evet, gidemiyorum. Çok üzgünüm.

> **A** : 방학이다!
> **B** : 응, 그런데 슬프다.
> **A** : 왜?
> **B** : 왜냐하면 휴가를 떠나지 않거든.
> **A** : 휴가 떠나지 않을 거야?
> **B** : 응, 떠날 수가 없어. 슬프다.

기억해줘

- tatil은 '휴가'라는 단어로 여러 가지 동사와 어울려 다양한 뜻이 됩니다.
  tatil gelmek (타틸 겔멕) : 휴가이다
  tatile gitmek (타틸레 기트멕) : 휴가를 가다
  tatile çıkmak (타틸레 츠크막) : 휴가를 떠나다
  ～da tatil yapmak (다 타틸 야프막) : ～에서 휴가를 보내다

2

A : (Şu an) Tatilde misiniz?

B : Hayır, tatilde değilim. İş için geldim. Siz?

A : Ben burada oturuyorum.

B : Ah, çok güzel.

A : Evet, güzel. Ama sizinki de iyi.

> **A** : (지금) 휴가 중이신가요?
> **B** : 아니요, 휴가 중이 아니에요. 일 때문에 왔어요. 당신은요?
> **A** : 저는 여기서 삽니다.
> **B** : 오, 좋으시겠어요.
> **A** : 네, 맞아요. 하지만 당신도 좋으시겠습니다.

- 명사에 da/de, ta/te를 붙이면 '∼하는 중'이란 뜻이 됩니다.

  tatil**de** (타틸데) : 휴가 중　　toplant**ta** (토플란타) : 회의 중　　ders**te** (델스테) : 수업 중

3

2

İş : 일, 비즈니스

3

İspanya : 스페인
Barça : 바르셀로나
İtalya : 이탈리아
Roma : 로마
Mısır : 이집트
Yunanistan : 그리스
Kanada : 캐나다

A : Bu yazda tatile gidecek misiniz?

B : Evet, bu yazda tatile gideceğim. İspanya Barça'ya gideceğim.

A : Barça çok harika bir şehirdir.

B : Evet, ben de Barça'yı çok seviyorum. Siz? Nereye gideceksiniz?

A : Ben italya'ya gideceğim. Benim ailem Roma'da yaşıyor.

B : Çok güzel.

A : Evet, ama ben her yıl İtalya'ya gidiyorum.

B : Başka hangi ülkelere gitmek istiyorsunuz?

A : Umm. Mısır, Yunanistan ya da Kanada'ya gitmek istiyorum.

A : 이번 여름에 휴가를 떠나시나요?
B : 네, 이번 여름에 휴가를 떠날 겁니다. 스페인 바르셀로나로 갈 겁니다.
A : 바르셀로나는 아주 아름다운 도시예요.
B : 네, 저도 바르셀로나를 아주 좋아합니다. 당신은요? 어디로 떠나세요?
A : 저는 이탈리아로 떠날 겁니다. 제 가족이 로마에 삽니다.
B : 좋으시겠어요.
A : 네, 하지만 저는 매년 이탈리아로 떠나요.
B : 어떤 나라를 방문하고 싶으세요?
A : 음. 이집트, 그리스 아니면 캐나다에 가고 싶어요.

- **Mevsim** (메브심) : 계절

  İlk bahar (일크 바할) : 봄　　　　Yaz (야즈) : 여름

  Son bahar (손 바할) : 가을　　　Kış (크쉬) : 겨울

Tatil

4

A : Çıkalım mi? Hadi denize gidelim?

B : Bir dakika, havlu arıyorum.

A : Havlu gardroptadır.

B : Peki benim mayom nerede?

A : Senin çantanda.

B : Peki... Benim çantam nerede?

> **A** : 출발할까? 바닷가에 갈까?
> **B** : 잠깐만, 비치 타월을 찾고 있어.
> **A** : 타월은 장롱 안에 있어.
> **B** : 그런데 내 수영복은 어디에 있어?
> **A** : 네 가방 안에 있어.
> **B** : 그럼…… 내 가방은 어디에 있지?

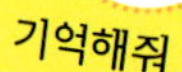 **기억해줘**

• Bir dakika.(비르 다키카)를 직역하면 '1분만.'이지만 '잠깐만, 잠시만.'이란 뜻으로 쓰입니다. 더 다급하게 말할 때는 '1초만.'을 의미하는 Bir saniye.(비르 사니예)를 쓰기도 합니다.

5

A : Yapamayacağım. Çok yoruldum.
  Beni burada bırakın, siz devam edin.

B : Hayır, seni burada bırakamayız. Bizimle gel.

A : Daha fazla yürüyemem. Bu tepe çok yüksek.

B : Hayır, yüksek değil. Bak, birazdan varacağız.

> **A** : 계속할 수가 없어. 너무 힘들어. 나 없이 계속해.
> **B** : 안 돼, 우리는 너 없이 가지 않을 거야. 우리랑 같이 가자.
> **A** : 더 이상 계속하고 싶지 않아. 이 산은 나에게 너무 높아.
> **B** : 아니야, 너무 높지 않아. 봐, 곧 도착할 거야.

 **기억해줘**

• Daha fazla는 '더 이상'이란 뜻으로 부정적인 의미로 사용합니다.

6

A : Korede dağ var mı?

B : Tabii. Kore'de çok dağ var.

A : Kore'de kış sporları yapıyorlar mı?

B : Evet, Korelier kayak ve buz pateni yapıyorlar.
Dağda tatil yapmayı çok seviyorlar.

A : İyi bir kayak merkezi biliyor musun?

B : Kore'de Yongpyeong Kayak Merkeziyi seviyorum.

A : Kayak yapabiliyor musun?

B : Evet, snowboard'da yapabiliyorum.

A : Türkiye'de Bursa'da Kayak Merkezleri vardır.

A : 한국에 산이 있나요?
B : 물론이죠. 한국에는 산이 많이 있어요.
A : 한국에서는 겨울 스포츠를 하나요?
B : 네, 많은 한국 사람들이 스키와 스케이트를 탑니다. 산으로 휴가가는 것을 아주
좋아해요.
A : 좋은 스키장을 아시나요?
B : 한국에서는 용평스키장을 좋아합니다.
A : 스키를 탈 줄 아세요?
B : 네, 스노보드도 타요.
A : 터키에는 불사에 많은 스키장이 있습니다.

단어

4
Deniz : 바닷가
Aramak : 찾다
Havlu : 수건, 타월
Gardrop : 장롱, 옷장
Mayo : 수영복

5
Devam etmek : 계속하다
Tepe : 산, 꼭대기
Yüksek : 높은
Varmak : 도착하다

6
Kış sporu : 겨울 스포츠
Kayak : 스키
Buz pateni : 스케이트
Kayak Merkezi : 스키장
Kayak yapmak : 스키를 타다
Snowboard : 스노보드
Snowboard yapmak
: 스노보드를 타다
Bursa : 불사(터키 지역)

기억해줘

• dağda tatil yapmak (다-다 타틸 야프막) : 산에서 휴가를 보내다
denizde tatil yapmak (데니즈데 타틸 야프막) : 바다에서 휴가를 보내다
yurt dışında tatil yapmak (율트 드쉰다 타틸 야프막) : 해외에서 휴가를 보내다

A : İlkbaharda ne yapmayı seviyorsun?

B : İlkbaharda yürüyüş yapmayı seviyorum.

A : Yazın?

B : Yazın denize gidiyorum.

A : Son baharda ne yapıyorsun?

B : Son baharda kitap okuyorum ve muzik dinlemek için evimde kalıyorum.

A : Kışın?

B : Kışın dağa gidiyorum.

A : Türkiye'de kışın denize girebilirsiniz.

B : Gerçekten mi? Çok güzel.

A : Gelecek tatilde nereye gitmek istiyorsun?

B : Gelecek tatilde adaya gitmek istiyorum.

A : 봄에 뭘 하는 걸 좋아해?
B : 봄에는 산책하는 걸 좋아해.
A : 여름에는?
B : 여름에는 바다로 휴가를 가.
A : 가을에는 뭘 하니?
B : 가을에는 책도 읽고 음악도 듣기 위해 집에 자주 있어.
A : 겨울에는?
B : 겨울에는 산으로 떠나.
A : 터키에서는 겨울에 바다를 들어갈 수 있어.
B : 정말? 진짜 좋다.
A : 오는 휴가 때 어디로 떠나고 싶어?
B : 오는 휴가 때는 섬으로 떠나고 싶어.

단어

Yürüş yapmak : 산책하다
Kalmak : 지내다, 남아 있다
Gelecek : 오는
Gelecek tatilde : 오는 휴가에는
Ada : 섬
Adaya : 섬으로

꼭 필요해!

- '~할, ~하는'이란 뜻의 미래분사는 명사를 꾸며 주는 역할을 합니다. 동사어간에 -ecek/acak을 붙이고 olan을 적어 줍니다. 이때 olan은 간혹 생략 가능합니다.
  (→ 문법편 4과 4.4 분사)
  gelecek tatil (겔레젝 타틸) : 오는 휴가, 올 예정인 휴가

1 다음 사항을 묻는 질문을 해 보세요.

① 이름 ____

② 나이 ____

③ 전화번호 ____

④ 이메일 주소 ____

⑤ 취미 ____

2 다음 단어들을 계절에 맞게 적어 보세요.

mayo	kayak	buz pateni
kal	lale	güneş kremi
mont	çilek	akçaağaç

① İlk bahar : ____

② Yaz : ____

③ Son bahar : ____

④ Kış : ____

3 아래 Zeynep의 대답에 알맞은 질문을 해 보세요.

① Ben : ____
　　Zeynep : Hayır, tatilde değilim. Burada yaşıyorum.

② Ben : ____
　　Zeynep : Evet, bu Pazar günü ailemle tatile gideceğim.

③ Ben : ____
　　Zeynep : Antalya'ya gideceğim, orası çok güzel. 1 hafta kalacağım.

Ders 18

Saat ve hava

시간과 날씨

⊙ **목표**
시간과 날씨에 대해 말하기

⊙ **회화 포인트**
시간
날씨
날짜

⊙ **문법 포인트**
의문대명사 Nasıl
시간
Sence / Sana göre

1

A : Saat kaç?

B : Saat akşam 7.

A : Ah, çok geç oldu.

B : Hayır, iyi. Geç değil.

> **A** : 몇 시입니까?
> **B** : 저녁 7시입니다.
> **A** : 오, 많이 늦었네요.
> **B** : 아니에요, 괜찮아요. 늦지 않았어요.

기억해줘

- 시간을 물어볼 때는 Saat kaç?라고 하고 대답은 Saat ~.라고 합니다.
  (→ 문법편 7과 7.2 시간)

- olmak(되다)은 매우 자주 쓰이는 동사입니다. 여기에 geç(늦은)이란 형용사가 오면 '늦다, 지각하다'라는 동사가 됩니다.

2

A : Pardon, şimdi saat kaç?

B : Şimdi 4'ü 20 geçiyor.

A : Teşekkür ederim.

B : Rica ederim.

> **A** : 죄송합니다. 지금 몇 시죠?
> **B** : 지금 4시 20분입니다.
> **A** : 감사합니다.
> **B** : 천만에요.

3

A : Sinemaya gidelim mi?

B : Hangi film?

A : 'Babam ve oğlum'. Biliyor musun?

B : Evet, biliyorum. Ben de onu izlemek istiyorum.

A : Cuma günü akşam iyi mi?

B : Hayır, Cuma günü çalışıyorum. İstiyorsanız Pazar günü akşam gidelim.

A : Olur. Öyle yapalım.

B : Saat kaçta buluşalım?

A : Bilmem, kaça kadar gelebilirsin?

B : Saat 7'de sinema önünde görüşelim.

A : Tamam. Pazar günü görüşelim!

B : Tamam, hoşçakal!

A : 영화 보러 갈래?
B : 어떤 영화?
A : '아빠와 아들'이라고 해. 알아?
B : 응, 알아. 나도 그 영화 보고 싶어.
A : 금요일 저녁에 시간 괜찮아?
B : 아니, 금요일은 일을 해야 하기 때문에 안 돼.
　　괜찮다면 일요일 저녁에 볼 수 있어.
A : 그래. 그렇게 하자.
B : 몇 시에 만날까?
A : 글쎄, 몇 시에 올 수 있어?
B : 7시에 영화관 앞에서 보자.
A : 그래. 일요일에 봐!
B : 그래. 일요일에 봐!

단어

1

Saat : 시간
Geç : 지각, 늦다

3

Önünde : ~ 앞에

기억해줘

• Saat kaç**ta** buluşalım?(몇 시에 만날까?)라는 문장으로 의문대명사에 da/de를 붙여 만듭니다. 대답은 시간에 Saat 7'**de** (사아트 세키즈'데)처럼 de/de를 붙여 만듭니다.

4

A : Kore'de hava nasıl?

B : Kore'de hava güzel. İstanbul'da hava nasıl?

A : Biraz bulutlu ve yağmur yağıyor.

A : 한국은 날씨가 어때요?
B : 한국은 날씨가 좋아요. 이스탄불은 날씨가 어떻습니까?
A : 조금 구름이 끼고 비가 와요.

기억해줘

• 날씨를 물어볼 때는 의문대명사 nasıl을 사용합니다.

5

A : Ah, bugün hava çok kötü.

B : Evet, yağmur yağıyor. Soğuk değil mi?

A : Hayır, benim için iyi. Çok soğuk değil. Sizce?

B : Çok soğuk.

A : 아, 오늘 날씨가 매우 안 좋네요.
B : 네, 비가 오네요. 안 추우세요?
A : 네, 괜찮아요. 너무 춥지는 않아요. 당신 생각은요?
B : 많이 추워요.

기억해줘

• 인칭대명사에 -ce/ca를 붙이면 그 사람의 '의견'이나 '생각'을 나타냅니다.

Bence (벤제) : 내 생각에   Sence (센제) : 너의 생각에
Onca (온자) : 그/그녀의 생각에   Bizce (비즈제) : 우리의 생각에
Sizce (씨즈제) : 당신/너희의 생각에   Onlarca (온랄자) : 그들의 생각에

• 인칭대명사에 -a/e를 붙인 표현에 göre를 써서 '의견'이나 '생각'을 나타낼 수도 있습니다.

Bana
Sana
Ona
Bize   **+ göre**
Size
Onlara

6

A : Türkiye'ye neden gideceksiniz?

B : Okumak için gidiyorum.

A : Hangi bölümü okuyorsunuz?

B : Türk Edebiyatı bölümünü okuyorum.

A : Türkiye'ye ne zaman gideceksiniz?

B : Ocak yada Şubatta gideceğim.

A : Ne kadar kalmayı düşünüyorsunuz?

B : İzmir'de 2 ay ve İstanbul'da 3 ay kalacağım.

A : O zaman Haziran yada Temmuzda geleceksiniz.

B : Evet, Haziran yada Temmuzda geleceğim.

A : 왜 터키에 가시나요?
B : 공부를 하기 위해 터키로 떠납니다.
A : 무엇을 공부하시나요?
B : 터키 문학을 공부합니다.
A : 터키로 언제 떠나세요?
B : 1월이나 2월에 터키로 떠날 겁니다.
A : 얼마나 터키에 계실 건가요?
B : 이즈밀에서 2개월 있고 이스탄불에서 3개월 있을 겁니다.
A : 그럼 6월이나 7월에 돌아오시겠네요?
B : 네, 6월이나 7월에 돌아올 겁니다.

단어

4

Hava : 날씨
Bulutlu : 구름 낀, 흐린
yağmur yağmak : 비가 오다
Biraz : 조금

5

Soğuk : 차가운, 추운

6

Edebiyat : 문학
Tük edebiyatı : 터키 문학
Ne kadar : 얼마나, 얼마 동안
Kalmak : 지내다, 남아 있다
O zaman : 그럼
Gelmek : 오다

기억해줘

• Yıl (이을) : 년	1 yıl : 1년	2 yıl : 2년
Ay (아이) : 달	1 ay : 1달	2 ay : 2달
Hafta (하프타) : 주	1 hafta : 1주	2 hafta : 2주
Gün (균) : 일, 날	1 gün : 하루	2 gün : 이틀

A : Avustralya'da şu an saat kaç?

B : Burada saat akşam 11. Türkiye'de saat kaç?

A : Türkiye'de saat 2.

B : Ne yapıyorsun?

A : Pardon? Bir daha söyler misin?

B : Şimdi ne yapıyorsun?

A : Şimdi teneffüsteyim. Sen?

B : Ben evimde televizyon izliyorum.

A : Avustaralya'da hava güzel mi?

B : Evet, hava sıcak. Yaz geldi.

A : Türkiye'de kış, hava çok soğuk.

B : Avustralya'ya ne zaman geleceksiniz?

A : Belki Aralık'ta.

A : 호주는 몇 시야?
B : 여기는 저녁 11시야. 터키는 몇 시야?
A : 터키는 오후 2시야.
B : 뭐 해?
A : 응? 한 번 더 말해 줄래?
B : 지금 뭐 해?
A : 지금은 쉬는 시간이야. 너는?
B : 나는 집에서 텔레비전을 보고 있어.
A : 호주는 날씨가 좋아?
B : 응, 날씨가 더워. 여름이야.
A : 터키는 겨울이야. 아주 추워.
B : 호주에 언제 올 거야?
A : 어쩌면 12월에.

단어

Avustralya : 호주
Bura : 여기
Teneffüs : 쉬는 시간
Televizyon : 텔레비전
Belki : 어쩌면

꼭 필요해!

- bir daha (비르 다하) : 한 번 더

1 Saat Kaç?

①  ____________

②  ____________

③  ____________

④  ____________

2 아래 문장을 ce/ca를 사용하여 작문해 보세요.

① 내 생각에 너는 걸어갈 수 있어. ____________

② 우리의 생각에 그는 매우 성실해. ____________

③ 너의 생각에 내가 잘생겼니? ____________

3 아래 문장을 a/e 또는 göre를 사용하여 작문해 보세요.

① 나에게는 이 가방이 조금 비싸. ____________

② 그의 생각에 아이쉐는 말랐니? ____________

③ 내 집이 그들한테는 매우 큰 가봐. ____________

4 다음 질문에 자유롭게 답해 보세요.

① A : Bugün hava nasıl?

　B : ____________

② A : Neden Türkçeyi öğrenmek istiyorsun?

　B : ____________

③ A : Şimdi ne yapıyorsun?

　B : ____________

TÜRKCELL
2
TAKSİM - TÜNEL
223
ave
ASILMAK YASAK
VE TEHLİKELİDİR

Ders

19

Ulaşım

교통

⊙ **목표**
교통수단에 대해 말하기

⊙ **회화 포인트**
교통수단
표 사기
택시 타기

⊙ **문법 포인트**
~하기 위해서
için
ila/ile
ne ~ ne de ~

Ulaşım

1

A : Eve gitmek için otobüsü mü kullanıyorsun?

B : Evet, ben otobüsü kullanıyorum, ya sen?

A : Ben de otobüsü kullanıyorum.
Hangi otobüse biniyorsun?

B : 89A'ya biniyorum. Sen?

A : Ben 92B'ye biniyorum.

> **A** : 집에 가려면 버스를 이용하니?
> **B** : 응, 나는 버스를 이용해. 너는?
> **A** : 나도 버스를 이용해. 어떤 버스를 타니?
> **B** : 89A번 버스를 타. 너는?
> **A** : 나는 92B번 버스를 타.

기억해줘

- 동사원형에 **için**을 붙이면 '~하기 위해서'라는 뜻이 됩니다.

- **kullanmak**은 '사용하다, 이용하다'라는 뜻으로 어떤 '대중교통을 이용하다'라고 할 때 사용하고 **binmek**은 '(차, 버스, 지하철)에 타다'라고 할 때 사용합니다.
  otobüse **binmek** (오토뷔세 빈멕) : 버스에 타다
  trene **binmek** (트레네 빈멕) : 기차에 타다
  metroya **binmek** (메트로야 빈멕) : 지하철에 타다
  arabaya **binmek** (아라바야 빈멕) : 차에 타다
  gemiye **binmek** (게미예 빈멕) : 배에 타다

2

A : Ben okula giderken araba kullanmıyorum.

B : Evin okula yakın mı?

A : Okul 15 dakikadır.

B : Buradan evine 15 dakika mı? Süper.

A : Evet, O yüzden bisikletle gidiyorum.
Bu daha iyi, hem de sağlıklı.

> **A** : 나는 학교에 차를 타고 가지 않아.
> **B** : 학교에서 가까운 데 사니?
> **A** : 학교에서 15분 거리에서 살아.
> **B** : 너희 집이 여기서 15분 거리에 있어? 정말 좋다.
> **A** : 응, 그래서 자전거로 가. 이게 더 좋아, 게다가 건강에도 좋아.

- '〜로, 〜하고'라고 할 때는 ile/ila라는 표현을 씁니다. 그리고 이 표현은 le/la로 줄여서 쓸 수 있습니다.

  Bisiklet ile gidiyorum. (비시클렛 이레 기디요룸.) : 자전거로 갑니다.

  → Bisikletle gidiyorum. (비시클렛레 기디요룸.) : 자전거로 갑니다.

3

A : Otele nasıl gideceksiniz?

B : Otobüs var mı?

A : Bu saatte otobüs yok. Taksiye binmeniz gerektir.

B : Nereden taksiye binebilirim?

A : Metro istasyonun yanından binebilirsiniz.
Ama yürüyerek de gidebilirsiniz.

B : Otele yürüyerek gidilebiliyor mu?
Çok uzak değil mi?

A : Hayır, çok uzak değil. Buradan otele yürüyerek
20 dakikadır.

B : O zaman biraz yürüyeceğim.

A : İsterseniz beraber yürüyelim.

A : 호텔에 어떻게 돌아가실 건가요?
B : 버스가 있나요?
A : 아니요, 버스가 더 이상 없어요. 택시를 타셔야 해요.
B : 어디에서 택시를 탈 수 있을까요?
A : 역 옆에서 택시를 타셔야 해요. 하지만 걸어가도 돼요.
B : 호텔까지 걸어갈 수 있어요? 너무 멀지 않아요?
A : 네, 너무 멀지는 않아요. 호텔은 여기서 20분 거리에 있어요.
B : 그럼 조금 걸어야겠네요.
A : 원하신다면 같이 걸어가요.

1

Otobüs : 버스
Numara : 번호

2

Süper : 굉장히 좋은
Bisiklet : 자전거
Sağlıklı : 건강에 좋다
Sağlık : 건강

3

Metro istasyon : 지하철역
Yürümek : 걷다
Uzak : 멀리

4

A : Merhaba, bir jeton alabilir miyim?

B : Buyurun, 1 buçuk TL.

A : Teşekkür ederim.

B : Rica ederim.

> **A** : 안녕하세요. 토큰 하나 주세요.
> **B** : 여기 있습니다. 1.5TL입니다.
> **A** : 감사합니다.
> **B** : 감사합니다.

기억해줘

● 원래 '표'는 **bilet**이지만 지하철에서 쓰는 토큰은 **jeton**이라고 부릅니다. 그리고 버스에서는 교통카드 **akbil**를 사용해야 하며 따로 표나 토큰은 사용하지 않습니다.

5

A : Merhaba, nereye gitmek istiyorsunuz?

B : Merhaba, Taksim otele gidelim.

A : Taksim otel mi? Ben bu oteli bilmiyorum. Adresi var mı?

B : Hayır, adresi yok. Ama o taksim meydanın yanındadır.

A : O zaman taksim meydanına gidelim mi?

B : Evet, lütfen.

> **A** : 안녕하세요. 어디로 가십니까?
> **B** : 안녕하세요. 탁심 호텔로 가 주세요.
> **A** : 탁심 호텔이요? 저는 이 호텔을 모르는데요. 호텔 주소가 있으세요?
> **B** : 아니요. 호텔 주소는 없어요. 하지만 그 호텔은 탁심 광장 옆에 있어요.
> **A** : 그럼 탁심 광장으로 갈까요?
> **B** : 네. 부탁드립니다.

6

A : Merhaba. İstanbul'a giden bir bilet alabilir miyim?

B : Tek yön mü yoksa gidiş-dönüş mü?

A : Tek yön, lütfen.

B : Ne zaman istersiniz?

A : 7 Ocakta gitmek istiyorum.

B : Sabah yada akşam, hangisini istersiniz?

A : Sabah daha iyi. Sabah 8 gibi.

B : Sabah 8:13'te tren var. Buna binmek ister misiniz?

A : Evet, lütfen.

A : 안녕하세요. 이스탄불로 가는 표 한 장 주시겠어요?
B : 편도표로 드릴까요, 아니면 왕복표로 드릴까요?
A : 편도표로 부탁드립니다.
B : 날짜는 언제로 원하세요?
A : 1월 7일에 떠나고 싶습니다.
B : 아침 아니면 저녁, 어떤 걸 선호하십니까?
A : 아침이 더 좋습니다. 아침 8시쯤으로요.
B : 8시 13분에 기차가 있습니다. 이 기차를 타시겠습니까?
A : 네, 부탁드립니다.

• 날짜를 말할 때는 일, 월, 년의 순서로 말해야 합니다.
  (→ 문법편 7과 7.3 날짜)
  5월 22일 : 22 Mayıs

단어

5

Meydan : 광장
Adres : 주소

6

Giden : ~로 가는
Bilet : 표
Tek yön : 편도
Gidiş-dönüş : 왕복
Tren : 기차

A : Araba ile gidelim mi?

B : Hayır, trafik sıkışıktır.

A : O zaman metro ile gidelim mi?

B : Hayır. Metro istasyonuna kadar yürümem gerektir. Çok uzak.

A : Buradan metro istasyonuna kadar 15 dakika sürüyor.

B : Tamam, ama yürümek istemiyorum. Çok yorgunum.

A : Ne yürümeyi ne de arabaya binmeyi istiyorsun.

B : Hem de, bugün hava çok soğuk.

A : O zaman metro istasyonuna kadar taksi ile gidelim ondan sonra metroya binebiliriz.

B : Hayır. Taksiye de binmek istemiyorum.

A : Alsında sen dışarıya çıkmak istemiyorsun, değil mi? Evde kalmak istiyorsun.

B : Aynen öyle. Evde kalmak benim için daha iyi. Evim daha sıcak ve rahat.

A : 차 타고 갈까?
B : 아니, 길이 막힐 거야.
A : 그럼, 지하철을 탈까?
B : 아니, 지하철역까지 걸어야 해. 너무 멀어.
A : 지하철역은 여기서 15분 거리에 있어.
B : 알아, 그래도 걷기 싫어. 난 너무 피곤해.
A : 걷기도 싫고 차 타기도 싫어하네.
B : 게다가 오늘 너무 추워.
A : 그럼 지하철역까지 택시로 가고, 그 다음에는 지하철을 탈 수 있겠네.
B : 싫어. 택시 타고 싶지 않아.
A : 사실은 너 나가기 싫은 거지, 그치? 집에 있고 싶구나.
B : 바로 그거야. 집에 있는 게 더 좋아. 집안이 더 따뜻하고 편해.

단어

Metro istasyon : 지하철역
Ondan sonra : 그 다음에는
Alsında : 사실은
Kalmak : 지내다, 남아 있다
Evde Kalmak : 집에 남아 있다

꼭 필요해!

- ne ~ ne de ~는 '~를 싫어하고 ~도 싫어하다'라는 표현입니다.

- Alsında (알슨다) : 사실은, 실제로는
  Aynen (아이넨) : 그대로, 똑같이

Soruları

1 아래 문장을 터키어로 써 보세요.

① 학교에 갈 때 지하철을 이용하니? _______________________

② 아니, 학교에 갈 때 버스를 이용해. _______________________

③ 어떤 버스를 타니? _______________________

2 Konya에 가는 버스표를 구입해 보세요.

A : _______________________

B : Tek yön mü yoksa gidiş-dönüş mü?

A : _______________________

B : Ne zaman istersiniz?

A : _______________________

B : Malesef. Sadece akşam 8'de otobüs var. Buna binmek ister misiniz?

A : Evet, _______________________

　　Hayır, _______________________

3 다음 날짜를 터키어로 써 보세요.

① 5월 19일 _______________________

② 4월 23일 _______________________

③ 12월 16일 _______________________

20

Gezme
구경

- **목표**
  터키 구경하기

- **회화 포인트**
  호텔
  관광
  이스탄불 구경

- **문법 포인트**
  현재부사
  동사의 명사형과 a/e

1

A : Merhaba. Yardımcı olabilir miyim?

B : Evet, bu akşam için bir oda istiyorum.

A : Kaç gün kalacaksınız?

B : İki gün kalacağım.

A : Büyük yataklı ve banyolu bir oda var.

B : Çok güzel. Bir gecelik fiyatı ne kadar?

A : Bir gece 150 TL'dir.

B : Kredi kartı ila ödeyebilir miyim?

A : Tabii ki.

> **A** : 안녕하세요. 도와드릴까요?
> **B** : 네, 오늘 저녁에 방 하나를 원합니다.
> **A** : 며칠 동안 머무실 건가요?
> **B** : 이틀 묵을 겁니다.
> **A** : 큰 침대와 큰 목욕탕이 있는 방이 있습니다.
> **B** : 아주 좋네요. 방 가격이 하룻밤에 얼마입니까?
> **A** : 하룻밤에 150TL입니다.
> **B** : 신용카드로 지불해도 되겠습니까?
> **A** : 물론이죠.

기억해줘

- Yardımcı olabilir miyim?에서 yardımcı는 '보조, 도와주는 사람'이란 뜻으로 직역하면 '제가 보조가 될 수 있을까요?'라는 뜻입니다. 하지만 회화에서는 '제가 도와드려도 될까요?/도와드릴까요?'라는 의미로 쓰입니다.

2

A : Merhaba, burası 703 nolu odadır.

B : Buyurun, bir isteğiniz mi var?

A : Bir havlu daha verebilir misiniz?

> **A** : 안녕하세요, 703호입니다.
> **B** : 말씀하세요, 필요하신 게 있으신 가요?
> **A** : 목욕 타월을 더 주시겠어요?

3

A : Bugün ne yapmak istiyorsun?

B : Ayasofyayı görmek istiyorum ve Taksim meydanında fotoğraf çekinmek istiyorum.

A : Ben Topkapı sarayını da gezmek istiyorum.

B : Ne zaman Kapalı Çarşı'ya alışveriş yapmaya gideceksin?

A : Yarın alış veriş yapmaya gideceğim. Ama bugün Ayasofya'ya gidelim.

B : Ayasofya'dan sonra ne yapalım?

A : Ah, Ayasofya'nın önünde Sultan Ahmet cami'n minaresini görmek istiyorum.

B : Minare ne dir?

A : Minare camilerdeki yüksek ve ince yapıdır.

1

Yardımcı olmak : 도움을 주다, 도움이 되다
Oda : 방
Kaç gün : 며칠
Kalmak : 머무르다, 지내다
Bir gecelik : 하룻밤
Bir gece 150 TL : 하룻밤에 150TL

3

Fotoğraf çekmek : 사진을 찍다
Fotoğraf : 사진
Gezmek : 관광하다, 돌아다니다
Topkapı saray : 톱카프 궁전
Minare : 사원의 기둥

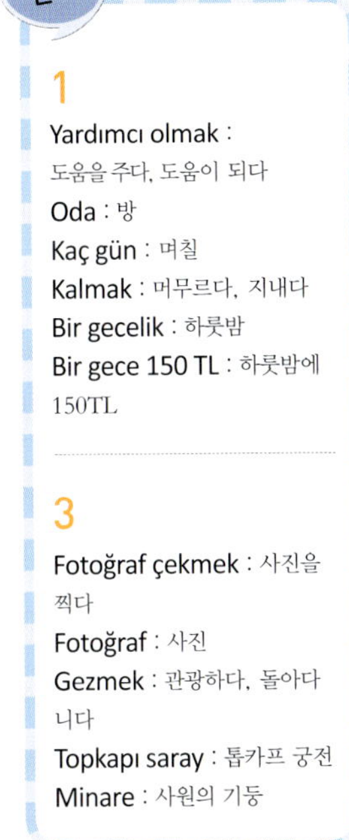

A : 오늘 뭐 하고 싶어?
B : 성 소피아 성당을 보러 가고 싶고, 탁심 광장에서 사진을 찍고 싶어.
A : 나는 톱카프 궁전을 구경하는 게 더 좋은데.
B : 언제 그랜드 바자르로 쇼핑하러 갈 거야?
A : 내일은 쇼핑하러 갈 거야. 하지만 오늘은 성 소피아 성당에 가는 거야.
B : 성 소피아 성당 다음에는 뭘 해?
A : 아, 블루모스크의 미나레를 보고 싶어.
B : 미나레가 뭐야?
A : 미나레는 이슬람 사원에 있는 높고 얇은 기둥이야.

4

A : Pardon. Fotoğrafımı çekebilir misiniz?

B : Tabii buna mı basacağım ?

A : Evet, teşekkür ederim.

B : Bir iki üç çekiyorum… çektim!

A : Çok teşekkür ederim.

B : Önemli değil.

Gezme

A : 실례합니다. 사진 좀 찍어 주실 수 있으세요?

B : 물론이죠. 여기를 눌러야 합니까?

A : 네, 감사합니다.

B : 자. 하나, 둘, 셋…… 찍습니다!

A : 정말 감사합니다.

B : 천만에요.

기억해줘

- fotoğraf çekmek(사진을 찍다)이란 동사는 앞에 fotoğraf(사진)라는 명사에 인칭어미를 붙여 피사체를 나타낼 수 있습니다.

  fotoğraf**ımı** çekmek (포토-라프므 체크멕) : 나를 사진 찍다

  fotoğraf**ını** çekmek (포토-라프느 체크멕) : 너를 사진 찍다

5

A : Acıkmadın mı?

B : Evet, acıktım. Bir sandviç yiyelim mi?

A : Olur, çok iyi fikir.

B : Merhaba, bir peynirli ve domatesli sandviç ve yanında da bir su lütfen.

A : Ben de aynısı istiyorum.

B : Parkta yiyelim.

A : Burası mı?

B : Evet, tam burası. Hava da güzel. Burası güzelmiş.

A : Evet, ve bizim lezzetli sandviçlerimiz var. Hadi yiyelim. Afiyet olsun!

B : Sağol. Sana da afiyet olsun.

A : 배 안 고파?

B : 아니, 배고파. 샌드위치 하나 먹을까?

A : 그래, 아주 좋은 생각이야.

B : 안녕하세요, 치즈와 토마토가 들어 있는 샌드위치 하나 하고 물 한 병 주세요.

A : 저도 같은 것으로 주세요.

B : 공원에 가서 먹자.

A : 여기?

B : 응, 딱 좋다. 날씨도 좋고. 여기 좋다.

A : 응, 그리고 우리에게는 맛있는 샌드위치가 있어. 어서 먹자, 맛있게 먹어!

B : 고마워, 너도 맛있게 먹어.

6

A : Affedersiniz. Dolmabahçe Sarayı'nı arıyorum. Yardımcı olur musunuz?

B : Ah Dolmabahçe Sarayı. O burada değil.

A : Çok uzak mı?

B : O kadar çok uzak değil. Avrupa yakasındadır. 40 dakikalık mesafededir. Feribota binmeniz gerekir.

A : Feribot nedir?

B : Feribot karşıya geçmek için kullanacağınız küçük bir gemidir.

A : Hangi feribota binmem gerekiyor?

B : Beşiktaş'a giden feribota binin.

A : Ücreti ne kadar?

B : Gidiş-dönüş toplam 3 TL 50 kuruş.

A : Sağolun. Çok naziksiniz.

B : Önemli değil. İyi günler.

A : Teşekkür ederim. Size de iyi günler.

4

Basmak : 누르다
Çekmek : 찍다, 당기다

5

Açmak : 배고프다
Çok iyi fikir : 아주 좋은 아이디어
peynirli ve domatesli sandviç : (치즈와 토마토가 들어 있는) 샌드위치
Aynısı : 같은 것
Aynı : 같은
Afiyet olsun! : 맛있게드세요!

6

Saray : 성, 궁전
Bir daha : 한 번 더

A : 실례합니다. 돌마바흐체 궁전을 찾고 있습니다. 도와주실 수 있으세요?
B : 아, 돌마 바흐체 궁전이요. 여기가 아니에요.
A : 많이 먼가요?
B : 그렇게 많이 멀지는 않아요. 유럽 사이드에 있어요. 40분 정도 거리에 있습니다. 페리보트를 타셔야 해요.
A : 페리보트가 뭔가요?
B : 페리보트는 반대편으로 건너기 위한 작은 배입니다.
A : 어떤 페리보트를 타야 하나요?
B : 베쉭타쉬에 가는 페리보트에 타세요.
A : 표가 얼마에요?
B : 왕복표가 3TL 50kuru□ 입니다.
A : 감사합니다. 정말 친절하시네요.
B : 천만에요. 좋은 하루 되세요.
A : 감사합니다. 당신도 좋은 하루 보내세요.

A : Sabah kalktığınızda ne yapacaksınız?

B : Sabah 7'de kalkıp otelde kahvaltı yaptıktan sonra gezmeye çıkacağım.

A : Dolmabahçe Sarayı güzel mi?

B : Evet, Dolma bahçe sarayı muhteşemdir. Sarayın bahçesi harikadır.

A : Taksim meydanı çok mu kalabalık?

B : Evet, Taksim meydanı çok kalabalıktır. Her ülkeden gelen insanlar var. Almanlar, Yunanlar, Araplar, Japonlar, Çinliler ve birçok Koreli var.

A : Taksim meydanında ne yapacaksınız?

B : Diğer turistler gibi fotoğraf çekineceğim. Bazı gençler Atatürk Anıtı'nın yanında güvercilere yem atıyor.

A : Çok güzel. Hem hava da güzel!

B : Evet, havada güzel, sıcakmış. Artık yaz geldi.

A : İstanbul'u sevdiniz mi?

B : Evet, sevdim. Güzel bir yer. Hem de insanlar çok mutlular, özellikle yaz sezonunda.

A : Ben de İstanbul'da yaşamak istiyorum.

B : İstanbul güzel, ama Türkiye'nin diğer şehirleri de çok iyi.

A : 아침에는 무엇을 할 건가요?
B : 아침 7시쯤 일어나서 호텔에서 아침 식사를 하고 구경하러 나갈 겁니다.
A : 돌마바흐체 궁전은 멋진가요?
B : 네, 돌마바흐체 궁전은 화려합니다. 궁전의 정원 풍경이 아름답습니다.
A : 탁심 광장에는 사람들이 많습니까?
B : 네, 탁심 광장에는 사람이 많습니다. 여러 나라에서 온 사람들이 있습니다. 미국 사람, 스페인 사람, 영국 사람, 일본 사람, 중국 사람, 그리고 많은 한국 사람들도 있습니다.
A : 탁심 광장에서 무엇을 할 겁니까?
B : 다른 관광객들처럼 사진을 많이 찍을 겁니다. 몇몇 젊은이들은 아타투르크 동상 옆에서 비둘기에게 먹이를 줍니다.
A : 정말 좋네요. 게다가 날씨도 좋습니다!
B : 네, 날씨도 좋고, 덥습니다. 이제 여름이네요.
A : 이스탄불에 사는 것에 만족하십니까?
B : 네, 매우 만족합니다. 살기 좋아요. 그리고 모든 사람들이 행복해 합니다. 특히 여름에는요.
A : 저도 이스탄불에서 살고 싶네요.
B : 이스탄불도 멋져요. 하지만 터키의 다른 도시들도 아주 좋습니다.

단어

Çıkmak : 나가다
Muhteşem : 화려한, 대단한
Ülke : 나라
Diğer : 다른
Turist : 여행객
Diğer turistler : 다른 관광객들
Genç : 젊은이
Güvenci : 비둘기
Yem : 먹이
Diğer şehirler : 다른 도시들

Soruları

1 다음 문장들을 터키어로 써 보세요.

① 나는 수업 후에 쇼핑하러 갈 거예요. ________________________

② 그는 그의 여자친구와 책을 읽으러 갔습니다. ________________________

③ 그들은 지금 밥을 먹으러 가요. ________________________

④ 너희는 내일 축구하러 갈 거니? ________________________

2 다음 지시에 따라 터키어로 말해 보세요.

① 호텔을 예약해 보세요. ________________________

② 호텔의 숙박 요금을 물어보세요. ________________________

③ 호텔 카운터에 전화해서 비누를 달라고 말해 보세요.

____

④ 사진을 찍어달라고 부탁해 보세요. ________________________

3 터키어로 작문해 보세요.

어제는 사진을 많이 찍었습니다. 그랜드바자르에 가서 쇼핑을 했습니다. 엄마, 아빠의 선물을 사고 그랜드바자르에서 샌드위치를 먹었습니다. (과거시제)

오늘 아침 6시에 일어났습니다. 아침 식사를 하러 식당으로 갑니다. 아침 식사 후에 구경하러 나갑니다. 성 소피아 성당은 매우 멋지고 성 소피아 성당의 맞은편에 있는 블루모스크는 웅장합니다. 탁심 광장은 매우 복잡합니다. 한국인도 많이 있습니다. 게다가 오늘 날씨도 매우 좋습니다. (현재시제)

내일은 친구와 톱카프 궁전에 갈 겁니다. 톱카프 궁전에서 홍차를 마시고 싶습니다. 저는 6월 17일에 한국으로 갑니다. 저는 이스탄불이 정말 좋습니다. 제 친구가 원한다면 다른 도시들도 구경하고 싶습니다. (미래시제)

____

____

____

____

____

자주 쓰는 터키어 회화 표현

Merhaba.	메르하바.	안녕하세요.
Selam.	셀람.	안녕.
Selamün aleyküm.	셀라뮌 알레이큠.	안녕하셨습니까? (직역: 평안이 당신에게 임하기를 기도합니다.)
Aleyküm selam.	알레이큠 셀람.	안녕했습니다.
Hoş geldiniz.	호쉬 겔디니즈.	어서 오세요.
Hoş bulduk	호쉬 불둑.	실례합니다. (방문)
Günaydın.	귀나이든.	좋은 아침입니다.
İyi akşamlar.	이이 악샴랄.	좋은 저녁 되세요.
İyi geceler.	이이 게제렐.	안녕히 주무세요.
İyi günler.	이이 균렐.	좋은 하루 되세요.
Hoşça kalın.	호쉬차 칼른.	또 만나요.
Görüşmek üzere.	교뤼쉬멕 위제레.	또 만나요.
Görüşürüz.	교뤼슈류즈.	또 만나요.
Pardon.	파르돈.	실례합니다./미안합니다.
Kusura bakmayın.	쿠수라 바크마읜.	미안합니다.
Affedersiniz.	아풰델시니즈.	죄송합니다.
Özür dilerim.	외쥴 딜레림.	죄송합니다.
Rica ederim.	리자 에데림.	천만에요.
Önemli değil.	외넴리 데일.	천만에요./중요하지 않아요.
Bir şey değil.	비르 쉐이 데일.	천만에요./아무것도 아니에요.
Geçmiş Olsun!	게취미쉬 올순!	쾌유하시길!
Bol şanslar!	볼 샨스랄!	행운이 가득하시길!
Doğum gününüz kutlu olsun!	도-움 귀뉴뉴즈 쿠틀루 올순!	생일을 축하합니다!
Afiyet olsun!	아퓌옛 올순!	맛있게 드세요!
Elinize sağlık.	엘리니제 사을륵.	잘 먹었습니다. (직역 : 당신의 손에 건강이 깃들기를.)
Güle güle kullanın.	귤레 귤레 쿨라는.	(물건을) 잘 쓰세요.

Mutlu bayramlar!	무틀루 바이람랄!	즐거운 명절 보내세요!
Saat kaç?	사아트 카춰?	몇 시예요?
Kaç saat?	카춰 사아트?	몇 시간이요?
Teşekkür ederim.	테쉐큘 에데림.	감사합니다.
Sağolun.	사—올룬.	감사합니다.
Çok yazık!	촉 야즉!	매우 안타깝네요!
Ne yazık!	네 야즉!	매우 안타깝네요!
Çok üzüldüm.	촉 위쥘둠.	매우 유감입니다.
Dikkat et!	디캇 에트!	조심해!
Acele et.	아제레 에트.	빨리 해.
Kolay gelsin.	콜라이 겔신.	수고하세요.
Aferin.	아풰린.	아주 잘했어요.
İnşaallah.	인샬라흐.	신의 뜻대로./신이 허락한다면.
Maşaallah!	마샬라흐!	대단해!
Allah Allah!	알라 알라!	신이시여!/이럴 수가!
Bana yardım edin.	바나 얄듬 에딘.	저를 도와주세요.
Burası neresi?	부라스 네레시?	여기가 어디인가요?
Kaç kardeşin var?	카춰 칼데쉰 봐르?	형제가 몇 명인가요?
Mesleğiniz ne?	메슬레—이니즈 네?	직업이 무엇입니까?
Ne iş yapıyorsunuz?	네 이쉬 야프욜수누즈?	무슨 일을 하세요?
Nerede çalışıyorsunuz?	네레데 찰르싀욜수누즈??	어디에서 근무하세요?
Kendine dikkat et.	켄디네 디캇 에트.	몸 조심해.
Kendine iyi bak.	켄디네 이이 박.	몸조리 잘 해./잘 지내.
Galiba.	갈리바.	아마도.
Tabii.	타비.	물론.
Tamam.	타맘.	OK.
Şöyle böyle.	쇼이레 뵈이레.	그럭저럭.

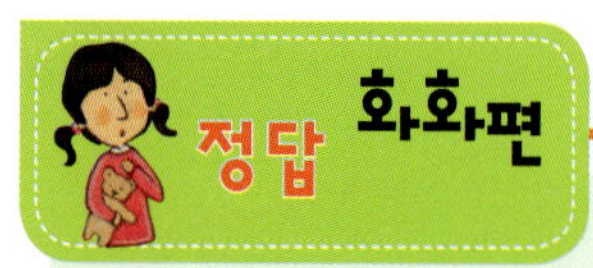

Ders 1 Merhaba!

1. Merhaba!
   Nasılsınız?
   Ben de iyiyim. / Çok iyiyim. / Fena değil. / Kötüyüm. / Çok kötüyüm. ----- Senin adın ne?
   Ben de memnun oldum!

2. ① Merhaba.   ② Memnun oldum.
   ③ Selam!   ④ Hoşçakalın!
   ⑤ Sizin adınız ne?   ⑥ Benim adım Sora.
   ⑦ Nasılsınız?   ⑧ Çok iyiyim.

Ders 2 Ülke ve İş

1. ① Türküm   ② Türküz   ③ Türksün   ④ Türksünüz   ⑤ Türk   ⑥ Türkler

2. ① cı   ② cı   ③ çı   ④ cu

3. ① Mehmet Türk ve öğrenci.
   ② Zeynep Koreli ve gazeteci.
   ③ Volkan Japon ve oyuncu.

Ders 3 Şehir ve Dil

1. Ben Koreliyim.
   ben Korece konuşabiliyorum.
   ben Japonca konuşamam.

2. Siz memur musunuz?
   Siz İzmir'de oturuyor musunuz?

3. ① Onun adı Ali, Türk ve Türkçe konuşabiliyor. İstanbulda oturuyor. O fırıncı.
   ② Senin adın Sera, Korelisin ve Korece, Türkçe ve Çince konuşabiliyorsun.
      Busan'da oturuyorsun. Sen öğrencisin.

Ders 4 Aşk

1. ① Alışveriş yapma   ② Söyleme   ③ Gitme   ④ Gelme

2. ① i   ② yı, yı   ③ yi   ④ nu, nu

3. ① 너를 사랑해.
   ② 나는 운동하는 것을 좋아하지 않아. 하지만 책 읽는 것은 좋아해.

③ 그는 터키어를 많이 좋아해.
④ 우리는 그를 좋아해요. 하지만 당신들은 그를 좋아하지 않아요.

4. ① Türk müziği　　　　　　　　② Tiyatro oyuncusu
　 ③ El kremi　　　　　　　　　 ④ Okul kapısı

Ders 5　İnsan

2. Cem kim?
　 O sosyoloji bölümü öğrencisi mi?

3. ① iyi değil　　　　　　　② çalışkan

Ders 6　Eşya

1. ① Yeşil çantalar　　　　② Siyah defter　　　　③ Gri bilgisayar
　 ④ Pembe cüzdan　　　　⑤ Beyaz silgiler

2. Bu ne?
　 Bu kırmız cüzdan mı?
　 Bunlar bardaklar mi?

3. ① Şu kırmız arabadır.　　　　　　② O İstanbul Üniversitesidir.
　 ③ Şu kitap çok pahalı.　　　　　　④ Şu kalem güzel değil.
　 ⑤ Bunlar çanta değiller.　　　　　⑥ Onlar silgiler mi?

Ders 7　Ev

1. ① yok　　　　② var　　　　③ yok

2. ① Mutfak　　　② Oda　　　③ Banyo

4. ① Salonda fırın var mı?　　② Tuvalette yatak var mı?　　③ Ayşe'nin odasında bilgisayar var mı?

Ders 8　Şehir

1. ① nere　　　② ne　　　③ kim

2. ① yan　　② ön　　③ sol　　④ iç　　⑤ dış　　⑥ üst　　⑦ arka

3. ① Sinema nerede?　　② Sen nerede oturuyorsun?

4. ① 영화관은 조금 멀리 있어요. 학교 옆에 있어요.　　② 저는 서울에 살아요.

Ders 9 Kafe

1. ① kafe   ② portakal suyu   ③ şarap   ④ bira   ⑤ çay   ⑥ cola   ⑦ su   ⑧ kahve

2. ① Bakar mısınız?
    Bir fincan kahve alabilir miyim? / Bir fincan kahve lütfen. / Bir fincan kahve istiyorum.
    ② Hesap alabilir miyim? / Hesap lütfen. / Hesap istiyorum.
    ③ Tadı güzel.   ④ Tadı güzel değil.   ⑤ Bu çayın tadı çok güzel.

3. teşekkür ederim
    beğendim
    Çok güzel değil ama kötüde değil.

Ders 10 Restoran

1. ① Yedi kişiyiz.   ② On dört kişiyiz.   ③ On bir kişiyiz.

2. ① Ben adana kebap, çoban salatası ve soda alacağım.
    ② Ben kıymalı pide, mevsim salatası ve ayran istiyorum.
    ③ Ben çiğ köfte, patlıcan salatası ve su lütfen.

3. ① varacağım   ② varacaksın   ③ varacak
    ④ varacağız   ⑤ varacaksınız   ⑥ varacaklar

Ders 11 Pazar

1. ① tavuk eti, kuzu eti, dana eti   ② ahtapot, levrek, somon, hamsi, karides

2. ① Bir tane tavuk, lütfen.   ② İki tane ananas, lütfen.
    ③ 500 gram domates (almak) istiyorum.   ④ 1 kilo kaşar peynir (almak) istiyorum.

3. ① Toplam 5 TL .   ② Toplam 9 TL 50 kuruş.
    ③ Toplam ne kadar?   ④ Başka bir istediğiniz?
    ⑤ Bu kadar.

4. ① Yumurtasız   ② Çikolatalı   ③ Çilekli   ④ Etsiz

Ders 12 Mağaza

1. ① Bu pantolonu deneyebilir miyim?   ② 38 giyiyorum.
    ③ Kredi kartı ila ödebilir miyim?   ④ Bana yakıştır mı?
    ⑤ Çok büyük.   ⑥ Bu tişört ne kadar?
    ⑦ Denemek ister misiniz?   ⑧ Yardımcı olayım mı?

2.   ① küpe, yüzük, bilezik, kolye   ② eşarp, çanta   ③ ceket, mont, tişört, etek, pantolon

3.   ① Yardım ister misiniz?   ② Kaç beden giyiyorsunuz? / Kaç numara giyiyorsunuz?

Ders 13 İyi günler!

1.   ① kalemin var   ② Rica ederim.   ③ Sorun değil.

2.   ① Sabahları ne yapıyorsunuz?   ② Sadece bir bardak çay içiyorum.
     ③ Akşam yemeğini beraber yiyelim mi?   ④ Size de iyi günler dilerim.
     ⑤ Senin kocan kaç yaşında?

3.   ① Benim babam Seul'de oturuyor.   ② Benim annem ressam.
     ③ Senin ablan alışveriş seviyor mu?   ④ Onun eşi İngilizce konuşabiliyor.
     ⑤ Onun abisi öğrencidir.   ⑥ O ofiste çalışıyor.
     ⑦ Benim kızım okulda ders çalışıyor.   ⑧ O okula gidiyor.
     ⑨ Bu benim anneannemin çantası.   ⑩ Kaç yaşındasınız?

Ders 14 yi akşamlar!

1.   ① Evet, Hayır   ② Evet, Hayır

2.   ① O her gün okula gidiyor.
     ② İyi akşamlar!
     ③ Ben her gün sabahtan akşama kadar çalışıyorum.
     ④ Birazdan görüşürüz.

4.   ① geldiğim   ② geldiğin   ③ geldiği
     ④ geldiğik   ⑤ geldiğiniz   ⑥ geldiğiler

Ders 15 İyi hafta sonular!

1.   ① Ben okula gidiyorum.   ② Ben okula gitmeyi seviyorum.
     ③ Ben okula gitmek istiyorum.   ④ Ben okula gidebilirim.
     ⑤ Ben okula gidemem.   ⑥ Okula gitmem gerekiyor.

3.   A : 수업 끝나고 뭐 할 거야?
     B : 수업 끝나고 엄마 집에 가려고. 너는 뭐 할 거야?
     A : 친구들이랑 나이트클럽에 갈 거야. 원하면 너도 와도 돼. 저녁 7시에 탁심 광장에서 만날 거야.
     B : 정말? 좋아!

Ders 16 Hobi

1. ① yaparsam ② yaparsak ③ yaparsan
   ④ yaparsanız ⑤ yapar ⑥ yaparlar

2. ① Dikkat et! ② Başım ağrıyor. ③ Hastayım.
   ④ Dizim acıyor. ⑤ Dizim ağrıyor.

3. ① Müzik dinlemeyi seviyorum. ② Kitap okumayı seviyorum.
   ③ Hafta sonu dizi izliyorum. ④ Hiç futbol oynamıyorum.

Ders 17 Tatil

1. ① Adınız ne? ② Kaç yaşındasın? ③ Senin telefon numaran kaç?
   ④ Senin mail adresin ne? ⑤ Hobilerin nedir?

2. ① lale, çilek ② Mayo, güneş kremi
   ③ akçaağaç ④ mont, kayak, buz pateni, kal

3. ① Tatilde misiniz? ② Tatile gidecek misiniz? ③ Nereye gideceksiniz?

Ders 18 Saat ve hava

1. ① Saat on ikiyi yirmi geçiyor. ② Saat on beşi yirmi beş geçiyor.
   ③ Saat yirmiye yirmi var. ④ Saat beşi on geçiyor.

2. ① Bence sen yürüyebilirsin. ② Bizce o çok çalışkan.
   ③ Sence ben yakışıklı mıyım?

3. ① Bana göre bu çanta biraz pahalı ② Ona göre Ayşe zayıf mı?
   ③ Benim evim onlara göre çok büyüktür.

Ders 19 Ulaşım

1. ① Okula giderken metroyu kullanıyor musun?
   ② Hayır, okula giderken otobüs kullanıyorum
   ③ Hangi otobüse biniyorsun?

2. Konya'ya giden bir bilet almak istiyorum. / Konya'ya giden bir bilet alabilir miyim.
   Konya'ya giden bir bilet, lütfen.
   Tek yön (lütfen).
   ~da gitmek istiyorum, (lütfen).
   Sağolun.

3. ① 19 Mayız   ② 23 Nisan   ③ 16 Aralık

Ders 20 Gezme

1. ① Ben dersten sonra alışveriş yapmaya gideceğim.
    ② O onun kız arkadaşıyla kitap okumaya gitti.
    ③ Onlar şimdi yemeye gidiyorlar.
    ④ Siz yarın futbol oynamaya gidecek misiniz?

2. ① Bir oda istiyorum.
    ② Bir gecelik fiyat ne kadar?
    ③ Bir sabun daha verebilir misiniz?
    ④ Pardon, fotorağfımı çekebilir misiniz?

3.   Dün birçok fotoğraf çektim. Kapalı çarşıda alışveriş yaptım. Anneme ve babama hediye aldım ve Kapalı çarşı'da sandviç yedim.
      Bugün sabah 6'da kalkıyorum. Kahvalt yapmaya restorana gidiyorum. Kahvalttan sonra gezmeye çıkıyorum. Aya sofya çok harika ve Ayasofya'nın karşısındaki Sultan ahmet cami muhteşemdir. Taksim meydanı çok kalabalıktır. Birçok Koreli vardır. Hem de bugün hava da güzel.
      Yarın arkadaşımla Topkapı saray'a gideceğim. Topkapı sarayda çay içmek istiyorum. Ben 17 Haziranda Güney Kore'ye gideceğim. Ben İstanbul'u çok seviyorum. Arkadaşım istiyorsa (isterse) başka şehirlerde gezmek istiyorum.

문법편

1 인칭대명사

터키어에서는 Ben, Sen, O, Biz, Siz, Onlar이라는 총 6가지의 인칭대명사가 있습니다. 이 인칭대명사는 단수와 복수 인칭대명사로 나뉘게 됩니다. 앞에 오는 대명사에 따라 뒤에 오는 동사와 명사, 형용사의 최종어미가 달라집니다.

단수	복수
Ben 나	Biz 우리
Sen 너	Siz 너희/당신
O 그/그녀	Onlar 그들

＊사람 이름이나 사물과 같은 단수명사는 O, 복수명사는 Onlar처럼 인칭어미가 적용됩니다.

2 '～입니다' 평서문 (명사/형용사형)

인칭대명사 ＋ 명사/형용사 ＋ (y)인칭어미

터키어의 인칭어미는 '～입니다'라는 표현으로 우리말처럼 문장의 맨 끝에 위치합니다. 다만, 인칭대명사와 앞 단어의 마지막 모음(모음조화)에 따라 바뀝니다. 그리고 문장의 끝에 인칭어미가 붙어서 주어의 인칭을 나타내므로 앞의 주어는 생략 가능합니다.

O, Onlar에서 쓰이는 인칭어미(dir-, -dirler-)는 추측이나 설명등의 특별한 의미가 있는 경우에만 씁니다. 대부분의 회화에서는 생략되기 때문에 Ders1 편까지만 괄호로 묶어 표기하겠습니다.

마지막 모음	e, i	a, ı	o, u	ö, ü
Ben 나	im	ım	um	üm
Sen 너	sin	sın	sun	sün
O 그/그녀	(dir)	(dır)	(dur)	(dür)

마지막 모음	e, i	a, ı	o, u	ö, ü
Biz 우리	iz	ız	uz	üz
Siz 너희/당신	siniz	sınız	sunuz	sünüz
Onlar 그들	(dir)ler	(dır)lar	(dur)lar	(dür)ler

*자음조화 현상이 일어나면 dir-, dirler-는 tir-, tirler-로 바뀌게 됩니다.

인칭대명사 + 명사/형용사(명사의 맨 마지막 모음) + 인칭어미

Ben öğretmenim.
나는 선생님입니다.

Öğretmen 선생님

Sen akıllısın.
너는 똑똑하다.

Akıllı 똑똑하다

Tolga tembel(dir).
톨가는 게으르다.(톨가는 게으른 것 같다.)

Tembel 게으르다

터키어에서는 외래어를 제외하고는 모음 두 개가 연달아 올 수 없으며, 이럴 경우 가운데에 y, s, n 중 하나를 상황에 맞게 넣어 줍니다. 그리고 평서문에서는 어미가 붙는 과정에서 모음과 모음이 만날 때 가운데에 y를 넣어 줍니다.

인칭대명사 + 명사/형용사(명사의 맨 마지막 모음) + y인칭어미

Ben Koreliyim.
나는 한국인입니다.

Koreli 한국인

Biz öğrenciyiz.
우리는 학생입니다.

Öğrenci 학생

3 '~입니까' 의문문 (명사/형용사형)

인칭대명사 + 명사/형용사 + 의문어미−인칭어미

터키어의 '~입니까?'는 앞 단어의 마지막 모음에 따라 [의문조사 mı/mi/mu/mü+인칭어미] 형태로 문장의 마지막에 위치합니다.

마지막 모음	e, i	a, ı	o, u	ö, ü
Ben 나	miyim	mıyım	muyum	müyüm
Sen 너	misin	mısın	musun	müsün
O 그/그녀	mi(dir)	mı(dır)	mu(dur)	mü(dür)
Biz 우리	miyiz	mıyız	muyuz	müyüz
Siz 너희/당신	misiniz	mısınız	musunuz	müsünüz
Onlar 그들	-ler mi(dir)	-lar mı(dır)	-lar mı(dır)	-ler mi(dir)

＊여기에서도 Ben, Biz는 [모음+모음]으로 가운데에 y를 넣어 줍니다.

＊dir−은 생략하고 mi만 쓸 수도 있습니다.

＊Onlar은 유일하게 인칭어미가 먼저 옵니다.

인칭대명사 + 명사/형용사(명사의 맨 마지막 모음) + 의문조사−인칭어미

Siz iyi misiniz?
당신은 괜찮습니까?(너희들은 괜찮니?)

İyi 좋다, 괜찮다

O hasta mı?
그가 아픈가요?(그는 환자인가요?)

Hasta 환자

Onlar Koreliler mi?
그들은 한국인 인가요?

Koreli 한국인

4 '~아닙니다' 부정문 (명사/형용사형)

인칭대명사 + 명사/형용사 + değil−인칭어미

değil은 '~아니다, ~하지 않다'라는 의미로 사용되며 하나의 고정된 형태이기 때문에 앞 모음에 따라 변하지 않고 끝에 인칭어미만 붙습니다.

Ben 나	değilim
Sen 너	değilsin
O 그/그녀	değil(dir)
Biz 우리	değiliz
Siz 너희/당신	değilsiniz
Onlar 그들	değil(dir)ler

인칭대명사 + 명사/형용사 + değil−인칭어미

Ben Türk değilim.
나는 터키인이 아닙니다.

Türk 터키인

Onlar tembel değil(dir)ler.
그들은 게으르지 않습니다.

Tembel 게으르다

Burcu akıllı değil(dir).
부르주는 똑똑하지 않습니다.

Akıllı 똑똑하다

연습문제

1. 빈칸에 알맞은 주어 인칭대명사를 써 보세요.

_____________________ 나는   _____________________ 너는

_____________________ 그는/그녀는   _____________________ 우리는

_____________________ 당신은/너희들은   _____________________ 그들은/그녀들은

2. 뒤에 오는 단어와 인칭어미를 보고 알맞은 인칭대명사를 넣으세요.

	ekmekçiyim
	profesördür
	Almanlar
	kızsın
	şöförsünüz
	mutluyuz

3. 다음 단어들에 알맞은 인칭어미를 써 보세요.

Ben	Koreli_______	ögretmen_______	memur_______
Sen	öğrenci_______	hasta_______	güzel_______
O	otelci_______	oyuncu_______	Çinli_______
Biz	Türk_______	doktor_______	arkadaş_______
Siz	şanslı_______	uzun_______	Fransız_______
Onlar	hoca_______	tembel_______	çalışkan_______

4. 다음 단어들에 알맞은 의문 어미를 써 보세요.

Ben	sevimli		yim
Sen	akıllı		sın
O	aptal		dır
Biz	üzgün		yüz
Siz	çirkin		siniz
Onlar	avukat		dırlar

5. 다음 문장에 알맞은 부정어미와 인칭어미를 써서 부정문을 완성해 보세요.

Ben	tembel __________.	Ayşe __________.
Sen	Şanslı __________.	doktor __________.
O	Ahmet __________.	babam __________.
Biz	nazik __________.	hasta __________.
Siz	avukat __________.	Türk __________.
Onlar	polis __________.	taksici __________.

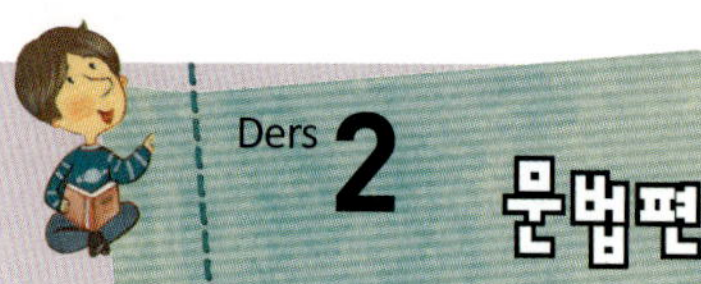

1 지시대명사

우리나라와 마찬가지로 여러 가지 대명사들(의문, 지시, 소유, 인칭…)이 터키어에서도 가장 많이 쓰입니다. 그중 이번 과에서는 지시대명사, 소유대명사의 표현과 명사의 단수, 복수를 배워 보겠습니다.

단수	복수
Bu 이것/이 사람	Bunlar 이것들/이 사람들
Şu 저것/저 사람	Şunlar 저것들/저 사람들
O 　그것/그 사람	Onlar 　그것들/그 사람들

*사람 이름이나 사물과 같은 단수명사는 O, 복수명사는 Onlar처럼 인칭어미가 적용됩니다.

Bu çanta.
이것은 가방입니다.

Çanta 가방

O Eda.
그 사람은 에다입니다.

Şunlar öğretmenler.
저 사람들은 선생님들입니다.

Öğretmen 선생님

2 소유대명사와 인칭어미

소유대명사 ＋ 명사 – 인칭어미

말 그대로 누구의 것인지를 알려주는 소유대명사는 인칭대명사 Ben, Sen, O, Biz, Siz, Onlar에 소유격어미 in/ın/un/ün를 붙여 주면 됩니다.

한국어에서는 소유를 나타낼 때 '나의 책'처럼 명사 앞에 '나의'를 붙여 주면 되지만, 터키어에서는 명사 뒤에도 '나의 것'이라는 인칭어미를 붙여 주어야 합니다.

소유대명사	명사	e, i	a, ı	o, u	ö, ü	명사가 모음으로 끝난 경우
Benim 나의		im	ım	um	üm	m
Senin 너의		in	ın	un	ün	n
Onun 그의/그녀의	elma...	i	ı	u	ü	si, sı, su, sü
Bizim 우리의	kalem...	imiz	ımız	umuz	ümüz	miz, mız, muz, müz
Sizin 너희의/당신의		iniz	ınız	unuz	ünüz	niz, nız, nuz, nüz
Onların 그들의		leri	ları	ları	leri	

* 이름이나 사물에 소유격어미(in, ın, un, ün)를 붙일 수 있습니다. 이때 [모음+모음]이 될 경우, 가운데 에 n을 넣어 줍니다.

소유대명사 + 명사 + 인칭어미

Benim dersim
나의 수업

Ders 수업

Senin annen
너의 어머니

Anne 어머니

Ayşe'nin arabası
아이쉐의 자동차

Araba 자동차

3 단순명사/복수명사

명사의 복수형을 만들 때는 맨 끝모음에 따라 단어의 끝에 -lar/ler을 붙입니다.

a ı o u	lar
e i ö ü	ler

Çocuklar 아이들

Kalemler 연필들

4 형용사의 동급, 비교급과 최상급

형용사를 가지고 동급, 비교급과 최상급을 표현할 수 있습니다.

비교대상 + gibi/kadar + 형용사

형용사의 동급 표현은 '~같은', '~처럼', '~만큼'이란 의미입니다. 비교대상 다음에 gibi 혹은 kadar을 붙여 만들어 줍니다.

- 셀 수 없고 측정과 비교를 할 수 없는 형용사들(iyi 좋은, güzel 예쁜 …)은 gibi를 사용합니다.

- 셀 수 있고 측정과 비교를 할 수 있는 형용사들(zayıf 마른, kısa 키가 작은 …)은 kadar 을 사용합니다.

여기서 Ben, Sen, O, Biz, Siz, Onlar이 비교대상이 될 경우, 소유대명사의 형태(Benim, Senin, Onun, Bizim, Sizin, Onların)로 바꿔 줍니다.

비교대상 + gibi / kadar + 형용사

Ali gibi iyi
알리 같이 좋은

İyi 좋은

Senin kadar zayıf
너만큼 마른

Zayıf 마른

주어 + (비교대상–dan/den) + daha + 형용사

터키어에서 비교급은 주어 다음에 오는 비교대상과 그에 따라 붙는 dan/den, 그리고 daha(더)라는 부사와 형용사로 만들어집니다. 이때 비교대상 -dan/den은 문장에 따라 생략 가능합니다.

a ı o u	dan
e i ö ü	den

Sen ben**den** **daha** tembelsin.
넌 나보다 더 게으르다.

Ali sen**den** **daha** iyi.
알리는 너보다 더 괜찮다.

Benim çantam **daha** güzel.
내 가방이 더 예쁘다.

Bu araba on**den** **daha** hızlı.
이 자동차는 그것보다 더 빠르다.

주어 + en + 형용사

최상급을 만들기 위해서는 형용사 앞에 en(가장, 제일)이란 부사를 붙여 완성할 수 있습니다.

Sen **en** tembelsin.
넌 가장 게으르다.

Ali **en** iyi.
알리가 제일 괜찮다.(알리가 제일 착하다.)

Benim çantam **en** güzel.
내 가방이 가장 예쁘다.

Bu araba **en** hızlı.
이 자동차는 가장 빠르다.

1. 다음 명사들의 복수형을 적어 보세요.

polis	_________	hasta	_________	avukat	_________
insan	_________	araba	_________	kitap	_________
taksi	_________	muz	_________	perde	_________
kalem	_________	çanta	_________	yol	_________
ev	_________	üniversite	_________	yatak	_________
masa	_________	otel	_________	tüy	_________

2. 다음 빈칸에 알맞은 지시대명사를 적어 보세요.

_________ 이것/이 사람	_________ 이것들/이 사람들
_________ 저것/저 사람	_________ 저것들/저 사람들
_________ 그것/그 사람	_________ 그것들/그 사람들

3. 아래 빈칸에 알맞은 인칭어미를 써 보세요.

Ben**im** 나의		*elmam*	*kalemim*		
Sen**in** 너의	elma				
O**nun** 그의/그녀의	kalem				
Bi**zim** 우리의	okul				
Siz**in** 너희의/당신의	yüz				
Onlar**ın** 그들의					

4. 지시대명사와 인칭대명사를 이용해서 문장을 만들어 보세요.

Bu, Şu, O	
Bu benim kalemim.	이것은 나의 연필입니다.
	저것은 너의 공책이다.
	그것들은 나의 가방들이다.
	여기는 아이쉐(Ayşe)의 친구이다.
	저것은 나의 자동차이다.
	그는 당신의 선생님입니다.

5. 아래 형용사를 이용해서 빈칸에 비교급 문장을 만들어 보세요.

Tembel : 게으른	Akıllı : 똑똑한	Güzel : 예쁜, 좋은

① 나는 너보다 게으르다. ________________________

② 너희는 그보다 똑똑하다. ________________________

③ 우리는 너희보다 예쁘다. ________________________

6. 아래 형용사를 이용해서 빈칸에 최상급 문장을 만들어 보세요.

Çalışkan : 성실한	Nazik : 친절한	İyi : 좋은, 괜찮은

① 그는 가장 성실하다. ________________________

② 너희는 가장 친절하다. ________________________

③ 너는 가장 좋은 엄마이다. ________________________

한국인이 초반에 터키어를 배우면서 가장 많이 어려워하고 실수하는 부분입니다. 우리나라의 조사를 생각하고 똑같이 적용하면 어색하고 틀린 문장이 되기 쉽습니다.

세 개의 이미지를 생각하며 조사를 적용시키는 것이 가장 이해하기 쉽습니다.

1 a/e : ~로

주어가 목적지, 사람 또는 사물에 일직선 방향을 나타내며 무언가를 할 때 a/e를 씁니다. 우리나라 조사로는 '~로, ~에, ~에게' 등이 같은 의미로 쓰이기도 합니다. 앞에 명사가 모음으로 끝나서 [모음＋모음]이 될 경우, 가운데에 y를 넣어 줍니다.

Okul**a** gidiyorum.　　　　　　　　　Okul 학교
학교에 갑니다.
➜ 주체가 '학교'라는 목적지 방향으로 가기 때문에

Çanta**ya** koydum.　　　　　　　　　Çanta 가방
가방에 넣다.
➜ 주체가 '가방'이라는 사물 방향으로 책을 넣기 때문에

Mine'**ye** söyledim.　　　　　　　　Söylemek 말하다
미네에게 말하다.
➜ 주체가 '미네'라는 인물 방향으로 말하기 때문에

2 da/de : ～에서

주어가 장소, 사람 또는 사물 안에 있을 때 **da/de**를 씁니다. 우리나라 조사로는 '～에, ～에게' 등이 같은 의미로 쓰입니다.

Okulda öğrenciler ders çalışıyorlar. 학교에서 학생들이 공부를 합니다. → 학생들이 '학교'라는 장소 안에서 공부를 하고 있기 때문에	Okul 학교
Çantanda neler var? 네 가방에 뭐 있어? → '가방'이라는 장소 안에 있는 물건을 물어보기 때문에	Çanta 가방
Benim kalemim Mine'de. 내 연필은 미네에게 있습니다. → 연필이 '미네'라는 인물이 가지고 있기 때문에	Kalemim 연필

명사에 da/de(ta/te)를 붙이면 '～하는 중'이란 뜻이 됩니다.

Tatilde 휴가 중	Tatil 휴가
Toplantıda 회의 중	Toplantı 회의
Derste 수업 중	Ders 수업

3 dan/den : ~로부터

주어가 장소, 사람 또는 사물로부터 출발하거나 떠날 때 dan/den을 씁니다. 우리나라 조사로는 '~부터, ~한테서' 등이 같은 의미로 쓰입니다.

앞에서 배운 인칭대명사와 지시대명사도 방향에 따라 a/e, da/de, dan/den을 붙일 수 있습니다. 하지만 발음 등의 이유로 규칙에서 벗어나 변형된 단어들도 있습니다.

인칭대명사

Ben	Bana	Bende	Benden
Sen	Sana	Sende	Senden
O	Ona	Onda	Ondan
Biz	Bize	Bizde	Bizden
Siz	Size	Sizde	Sizden
Onlar	Onlara	Onlarda	Onlardan

지시대명사

Bu	Buna	Bunda	Bundan
Şu	Şuna	Şunda	Şundan
O	Ona	Onda	Ondan

4 var / yok : 있다 / 없다

터키어에서는 '있다/없다'라는 표현으로 var/yok이란 단어를 사용합니다. '~있습니까/없습니까?'라는 의문형은 끝에 mı 혹은 mu를 붙여 줍니다.

Param var.
(나는) 돈이 있어요.

Param 돈

Onun arabası yok.
그는 자동차가 없어요.

Araba 자동차

Erkek arkadaşın var mı?
(너는) 남자친구가 있어?

Erkek arkadaş 남자친구

Çantanız yok mu?
(당신은) 가방이 없으신가요?

Çanta 가방

한국인이 가장 많이 틀리는 표현 중의 하나가 '나는 ~에 있어요.'라는 문장으로 직역하면 Ben ~de var.이지만 이는 전혀 맞지 않는 문장입니다. Ben ~deyim.처럼 인칭어미만 붙이고 var은 사용하지 않도록 주의하세요.

Ben evde var. (x)
나는 집에 있습니다.

→ Ben evdeyim. (o)

1. 아래 그림의 알맞은 곳에 사람을 그리세요.

a/e

···▶ ···▶ ···▶   목적지 또는
사람, 사물

da/de

목적지 또는
사람, 사물

dan/den

목적지 또는
사람, 사물   ···▶ ···▶ ···▶

2. 아래 단어들에 알맞은 형태를 붙여 보세요.

a/e	da/de	dan/den

okul_______ 학교	market_______ 마트	ev_______ 집
sınıf_______ 교실	kafe_______ 카페	oda_______ 방
ders_______ 수업	tuvalet_______ 화장실	mutfak_______ 주방, 부엌

3. 괄호 안의 단어를 알맞은 형태로 바꿔 보세요.

① 나는 학교에 갑니다.　　　　　　Ben ＿＿＿＿＿＿＿＿＿ gidiyorum. (okul)

② 고양이는 방으로 들어갑니다.　　Kedi ＿＿＿＿＿＿＿＿＿ gidiyor. (oda)

③ 우리는 방에서 나갑니다.　　　　Biz ＿＿＿＿＿＿＿＿＿ çıkıyoruz. (oda)

④ 집에 텔레비전이 있습니다.　　　＿＿＿＿＿＿＿＿＿ televizyon var. (Ev)

⑤ 그는 화장실에 있습니다.　　　　O ＿＿＿＿＿＿＿＿＿. (tuvalet)

4. 아래 문장을 의문문으로 만들어 보세요.

① Kaleminiz var.　　　　　→ ＿＿＿＿＿＿＿＿＿＿＿＿＿＿

② Sende çantam yok.　　　→ ＿＿＿＿＿＿＿＿＿＿＿＿＿＿

③ Onda onun anahtarı yok.　→ ＿＿＿＿＿＿＿＿＿＿＿＿＿＿

④ Mutfakta fırın var.　　　→ ＿＿＿＿＿＿＿＿＿＿＿＿＿＿

⑤ Bilgisayarın yok.　　　　→ ＿＿＿＿＿＿＿＿＿＿＿＿＿＿

5. 아래 인칭대명사와 지시대명사에 a/e, da/de, dan/den을 붙여서 써 보세요.

	a/e	da/de	dan/den
Ben			
Şu			
O			
Onlar			

1 현재시제

주어 + 동사어간–현재시제어미–인칭어미

현재시제는 터키에서 가장 많이 쓰이는 시제이며 기본 의미는 '~하는 중이다', '~한다 (현재)'입니다. 하지만 종종 현재시제에 초월시제와 미래시제 의미를 포함하여 사용하기도 합니다. 터키어 동사의 원형은 almak, sevmek처럼 끝에 –mak/mek이 붙습니다. –mak/mek 앞에 있는 것을 동사어간이라고 하며, 이 어간의 맨 마지막 모음에 따라 현재시제어미가 달라집니다.

마지막 모음	e, i	a, ı	o, u	ö, ü	인칭어미
Ben 나					um
Sen 너					sun
O 그/그녀, 명사	iyor	ıyor	uyor	üyor	
Biz 우리					uz
Siz 너희/당신					sunuz
Onlar 그들					lar

* 동사어간은 모음–자음조화(p.16)가 되지 않습니다. 하지만 어간이 t로 끝난 몇몇 동사의 경우, 어간의 t가 d로 바뀝니다. 그 중 gitmek, etmek, seyretmek, kaybetmek은 t가 d로 바뀌는 동사들 중 가장 많이 쓰이는 동사이므로 꼭 외우는 게 좋습니다.
* 어간이 모음으로 끝난 경우, 어간의 모음이 생략됩니다.

주어 + 동사어간–현재시제 어미–인칭어미

Ben seviyorum.
나는 사랑합니다.

Sevmek 사랑하다

Biz gidiyoruz.
우리는 가고 있습니다.

Gitmek 가다

Onlar yiyorlar.
그들은 먹고 있습니다.

Yemek 먹다

2 과거시제

주어 + 동사어간-과거시제어미-인칭어미

과거시제도 현재시제처럼 어간의 맨 마지막 모음에 따라 과거시제어미가 결정됩니다.

마지막 모음	e, i	a, ı	o, u	ö, ü	인칭어미
Ben 나					m
Sen 너					n
O 그/그녀, 명사	di	dı	du	dü	
Biz 우리					k
Siz 너희/당신					niz/nız/nuz/nüz
Onlar 그들					lar/ler

* 동사어간이 ç, k, p, t, f, ş, s 로 끝난 경우, 과거시제의 d가 t로 바뀝니다. .

주어 + 동사어간-과거시제 어미-인칭어미

Ben okudum.
나는 읽었습니다.

Okumak 읽다, 공부하다

Biz gittik.
우리는 갔습니다.

Gitmek 가다

Onlar yediler.
그들은 먹었습니다.

Yemek 먹다

3 미래시제

주어 + 동사어간 – 미래시제어미 – 인칭어미

미래시제도 그 전의 시제들처럼 동사어간에 미래시제어미 -ecek/acak을 붙이고 맨 끝에 인칭어미를 적습니다. 이때 동사어간이 모음으로 끝나 [모음＋모음]이 될 경우, 사이에 y를 넣어 줍니다. 가끔씩 미래시제는 강압적인 명령형의 의미로도 사용 가능합니다. '～해야 할 거야'라는 의미로 쓰이며 다른 명령형보다는 조금 완곡한 표현입니다.

마지막 모음	e, i, ö, ü	a, ı, o, u
Ben 나	eceğim	acağım
Sen 너	eceksin	acaksın
O 그/그녀, 명사	ecek	acak
Biz 우리	eceğiz	acağız
Siz 너희/당신	eceksiniz	acaksınız
Onlar 그들	ecekler	acaklar

* Ben과 Biz는 미래시제 어미의 맨 끝 자음 k가 ğ로 바뀌게 됩니다.

* 동사어간은 모음–자음 조화(p.16)가 되지 않습니다. 하지만 어간이 t로 끝난 몇몇 동사의 경우, 어간의 t가 d로 바뀝니다. 그 중 gitmek, etmek, seyretmek, kaybetmek은 t가 d로 바뀌는 동사들 중 가장 많이 쓰이는 동사이므로 꼭 외우는 게 좋습니다.

* Yemek과 Demek은 예외적으로 동사어간의 마지막 모음인 e가 i로 바뀝니다. 따라서 yeyecek이 아닌 yiyecek이고 deyecek이 아닌 diyecek이 됩니다.

인칭대명사 + 동사어간 – 미래시제어미 – 인칭어미

Ben soracağım. 나는 물어볼 것입니다.　　　　Sormak 질문하다, 물어보다

Biz gideceğiz. 우리는 갈 것입니다.　　　　　Gitmek 가다

Siz alacaksınız. 당신이 받을 것입니다.　　　　Almak 받다
　　　　　(당신이 받아야 할 거예요.)

---

4 분사

동사가 명사를 꾸며 주는 형태로 바뀌는 것이 분사입니다. 터키어에서는 세 가지의 분사, 즉 과거분사, 현재분사 그리고 미래분사가 있습니다. 만드는 방법은 동사어간에 분사어미를 붙여 주면 됩니다. 이 분사어미는 시제에 따라, 그리고 앞에 오는 동사어간의 맨 마지막 모음에 따라 모양이 달라집니다.

- 과거분사 : ∼한, ∼했던
- 동사어간 : miş / mış / muş / müş + olan
- 동사어간에 miş / mış / muş / müş를 붙이고 다음에 olan을 써 줍니다.

> Londra'ya gitmiş olan arkadaşım 런던에 갔던 내 친구
>
> Tarih yazmış olan bir ingiliz tarihçi 역사를 썼던 한 영국 역사가

- 현재분사 : ∼하는, ∼하고 있는
- 동사어간 : -en/an
- 동사어간에 마지막 모음에 따라 en 또는 an을 붙여 줍니다.

> İzmir'e giden tren 이즈밀로 가는 기차
>
> Kore'den gelen kız arkadaşım 한국에서 오는 내 여자친구
>
> Geçen ay 지난달

- 미래분사 : ∼할, ∼하려는
- 동사어간 : -ecek/acak + olan
- 동사어간에 마지막 모음에 따라 ecek 또는 acak을 붙여 주고 다음에 olan을 써 줍니다. 문장의 의미에 따라 olan은 생략 가능합니다.

> Gelecek hafta 다음 주
>
> Gelecek hafta nereye gideceksin? 다음 주에 어디에 갈 거니?
>
> Kitabı okuyacak olan kişi benim kızım. 책을 읽을 사람은 제 딸입니다.

1. 다음 동사의 현재시제를 써 보세요.

yapmak

Ben		Biz	
Sen		Siz	
O		Onlar	

yemek

Ben		Biz	
Sen		Siz	
O		Onlar	

2. 다음 동사의 과거시제를 써 보세요.

görmek

Ben		Biz	
Sen		Siz	
O		Onlar	

sormak

Ben		Biz	
Sen		Siz	
O		Onlar	

3. 다음 동사의 미래시제를 써 보세요.

sevmek

Ben		Biz	
Sen		Siz	
O		Onlar	

istemek

Ben		Biz	
Sen		Siz	
O		Onlar	

4. 다음 동사로 현재, 과거, 미래분사를 써 보세요.

gelmek

현재	
과거	
미래	

gitmek

현재	
과거	
미래	

5. 괄호 안의 동사를 이용하여 빈칸을 채워 보세요.

① Ben geçen hafta Ankara'ya ____________________. (gitmek)

② Sen hiç kitap okumuyorsun! Artık kitap ____________________. (okumak)

③ Murat şimdi ders ____________________. (çalışmak)

④ Geçen yıl 6 ay hastanede ____________________. (yatmak)

1 동사의 의문형

터키어의 의문문은 의문조사를 넣어 만들 수 있습니다. 의문조사도 맨 마지막 모음에 따라 mi, mı, mu, mü 중에서 선택합니다.

주어 + 동사어간-시제어미 + 의문조사-인칭어미

과거시제를 제외한 나머지 현재시제, 미래시제, 초월시제는 의문조사와 인칭어미가 같이 마지막에 붙습니다.

의문문 → 평서문

Sen gidiyor musun?
너는 가고 있니?
→ Sen gidiyorsun.

Siz gönderecek misiniz?
당신이 보내실 겁니까?
→ Siz göndereceksiniz.

O anlar mı?
그가 이해하나요?
→ O anlar.

* Ben과 Biz는 인칭어미가 모음으로 시작되어 [모음+모음]이 되므로 가운데에 y를 넣어 줍니다.
* Onlar은 예외적으로 시제어미 다음에 lar/ler 인칭어미를 붙여 줍니다. 예를 들어 –yorlar mı처럼 됩니다.

주어 + 동사어간-시제어미-인칭어미 + 의문조사

과거시제의 의문문은 인칭어미 다음에 의문조사가 옵니다.

의문문 → 평서문

Siz yazdınız mı?
당신이 적으셨습니까?
→ Siz yazdınız.

2 동사의 부정형

주어 + 동사어간-부정어미-시제어미-인칭어미

터키어에서 '~하지 않다, 아니다'라는 부정어미는 -ma/me입니다. 동사어간의 맨 마지막 모음에 따라 ma 또는 me를 붙이고 인칭어미를 마지막에 붙여 주면 됩니다.

단, 현재시제 어미(iyor)는 모음으로 시작하여 [모음+모음]이 되므로 부정어미의 모음을 생략해 줍니다.

e ı ö ü → me
a ı o u → ma

부정문 → 평서문

Siz yazmıyorsunuz.   → Siz yazıyorsunuz.
당신은 적지 않았습니다.

Ben oturmayacağım.   → Ben oturacağım.
나는 앉지 않을 겁니다.

O söylemedi.   → O söyledi.
그는 말하지 않았습니다.

Salata yemeyeceksin.   → Salata yiyeceksin.
샐러드를 먹지 않아야 할 거야.

3 부정의문형

주어 + 동사어간– **부정어미**– 시제어미 + **의문조사**– **인칭어미**

'∼ 안 하십니까?, ∼ 안 하셨습니까?'라는 의미를 가진 부정의문형은 부정형 끝에 의문조사를 붙여 완성합니다.

평서문 → 의문문 → 부정의문문

Sen gidiyorsun.   Gitmek 가다

→ Sen gidiyor musun?

→ Sen gitmiyor musun?
너는 안 가니?

Siz göndereceksiniz.   Göndermek 보내다

→ Siz gönderecek misiniz?

→ Siz göndermeyecek misiniz?
당신은 보내지 않으실 겁니까?

주어 + 동사어간– **부정어미**– 시제어미– **인칭어미** + **의문조사**

이 것도 역시 과거시제만 의문조사를 맨 마지막에 넣어 줍니다.

평서문 → 의문문 → 부정의문문

Siz yazdınız.   Yazmak 쓰다

→ Siz yazdınız mı?

→ Siz yazmadınız mı?
당신은 쓰지 않았습니까?

4 의문대명사

nasıl(어떻게), ne(무엇), hangi(어떤 것), kim(누구), nere(어디), kaç(몇), niçin/neden/niye(왜) 등이 문장에 있을 경우, 문장을 평서문으로 해야 하며 의문조사를 넣지 않습니다.

Bu çanta nasıl? 이 가방 어때?	Çanta 가방
Ne yapıyorsun? 뭐 하고 있어?	Yapmak 하다
Kim gelecek? 누가 올 건가요?	Kim 누구
Nereden geliyorsun? 어디에서 오나요?	Gelmek 오다
Ahmet nerede? 아흐멧은 어디에 있어요?	
Orada kaç kişi var? 거기에 몇 명 있어요?	Orada 거기에
Niye dün okula gelmedin? 왜 어제 학교에 안 왔어?	Okula 학교
Hangi şarap iyidir? 어떤 와인이 좋은가요?	Şarap 와인

1. 다음의 문장들을 모든 인칭으로 만들어 보세요.

〈현재시제〉

(Ben) *Kediyi seviyor muyum?*

(Sen)

(O)

(Biz)

(Siz)

(Onlar)

〈미래시제〉

(Ben)

(Sen)

(O)

(Biz) *Kore'ye gidecek miyiz?*

(Siz)

(Onlar)

〈과거시제〉

(Ben)

(Sen)

(O)

(Biz)

(Siz) *Yediniz mi?*

(Onlar)

2. 다음 동사의 부정문을 써 보세요.

〈현재시제〉 kazanmak

Ben		Biz	
Sen		Siz	
O		Onlar	

〈과거시제〉 yürümek

Ben		Biz	
Sen		Siz	
O		Onlar	

〈미래시제〉 konuşmak

Ben		Biz	
Sen		Siz	
O		Onlar	

3. 다음 대답에 알맞은 의문대명사를 넣어 질문을 만들어 보세요.

① A: _______________________________ B: Bu Mine.

② A: _______________________________ B: O benim defterim.

③ A: _______________________________ B: Şu çanta çok güzel.

④ A: _______________________________ B: Annem mutfakta.

⑤ A: _______________________________ B: Evde 5 kişi var.

⑥ A: _______________________________ B: Ben mektup yazıyorum.

1 초월시제

주어 + 동사어간–초월시제어미–인칭어미

인칭대명사	동사어간	초월시제어미	인칭어미			
			e, i	a, ı	o, u	ö, ü
Ben 나	oku... gel... yaz...	r ir, ır, ur, ür ar, er	im	ım	um	üm
Sen 너			sin	sın	sun	sün
O 그/그녀, 명사						
Biz 우리			iz	ız	uz	üz
Siz 너희/당신			siniz	sınız	sunuz	sünüz
Onlar 그들			ler	lar	lar	ler

초월시제는 반복되는 동작, 습관 또는 일반적인 진리를 표현할 때 사용되며 현재–미래–과거시제를 대신하여 표현할 수 있습니다. 초월시제는 앞에서의 시제들과는 다르게 표현이 세 가지(r, ir, ar)로 나뉘며 여러 가지 규칙에 의해 초월시제 어미가 붙습니다.

대부분의 동사는 아래와 같이 적용합니다.

e, i ⋯▸ ir

a, ı ⋯▸ ır

o, u ⋯▸ ur

ö, ü ⋯▸ ür

göndermek 보내다 ➡ gönderir

oturmak 앉다 ➡ oturur

그 외에 예외적인 규칙은 다음과 같습니다.

- 동사어간이 단모음, 1개의 모음만 있는 경우: yapmak, gitmek…

e, i, ö, ü ⋯▸ er

a, ı, o, u ⋯▸ ar

- 단모음이지만 일반적인 규칙을 따르는 동사들: almak, bilmek, bulmak, gelmek, görmek, kalmak, olmak, ölmek, varmak, vermek, vurmak, sanmak

이 동사들은 단모음이지만 예외적으로 아래와 같이 적용합니다.

e, i ⋯▸ ir

a, ı ⋯▸ ır

o, u ⋯▸ ur

ö, ü ⋯▸ ür

almak 받다	➜ alır
vermek 주다	➜ verir
bulmak 찾다	➜ bulur

- 모음으로 끝나는 경우: okumak, anlamak, söylemek, istemek…
  동사어간이 모음으로 끝난 경우, 끝에 r만 붙여 줍니다.

anlamak 알다, 이해하다	➜ anlar
okumak 읽다	➜ okur

2 초월시제의 의뢰형과 가정형

초월시제의 의문형은 다른 현재시제나 미래시제와 같은 문법이 적용됩니다.
(➜ 문법편 5과 5.1 동사의 의문형)

초월시제의 의문문 중에 Sen, Siz는 의뢰형으로 '~해 주시지 않겠습니까?, ~해 주시겠어요?'라는 의미로 사용됩니다.

Okur musunuz? 읽어 주시겠어요?	**Okumak** 읽다
Siz su içer misiniz? 너희들 물 마실래?(당신은 물을 드시겠어요?)	**Su içmek** 물을 마시다

초월시제 문장에 -sa/se를 넣으면 '~한다면'이란 뜻의 가정형이 됩니다. 여기에 Eğer(만약)이란 단어를 문장 앞에 넣을 수도 있습니다.

인칭대명사	초월시제	가정형	e, i	a, ı	o, u	ö, ü
Ben 나			m	m	m	m
Sen 너			n	n	n	n
O 그/그녀, 명사	동사어간-초월시제어미	sa/se				
Biz 우리			k	k	k	k
Siz 너희/당신			niz	nız	nuz	nüz
Onlar 그들			ler	lar	lar	ler

인칭대명사 + 동사어간-초월시제어미sa/se-인칭어미

Ben oraya gider**sem**, 내가 그곳에 간다면.

Eğer siz yapar**sanız**, 만약 당신이 하신다면.

3 초월시제의 부정형

주어 + 동사어간–부정어미–인칭어미

초월시제의 부정문은 다른 시제들과는 다르게 부정어미가 앞에 오는 주어에 따라 달라집니다. Ben과 Biz만 다른 시제들과 동일하게 -ma/me가 붙고 나머지는 -maz/mez가 붙습니다.

인칭대명사	동사어간	부정어미		인칭어미
		e, i, ö, ü	a, ı, o, u	
Ben 나	동사어간	me	ma	m
Sen 너		mez	maz	sin / sın
O 그/그녀, 명사		mez	maz	
Biz 우리		me	ma	yiz / yız
Siz 너희, 당신		mez	maz	siniz / sınız
Onlar 그들		mez	maz	ler / lar

Ben yalan söylemem.
나는 거짓말을 하지 않습니다.

Yalan 거짓말

Siz süt içmezsiniz.
너희들은 우유를 안 마시잖아.(당신은 우유를 안 드시잖아요.)

Süt içmek 우유를 마시다

1. 다음 동사의 초월시제를 써 보세요.

yapmak

Ben		Biz	
Sen		Siz	
O		Onlar	

bilmek

Ben		Biz	
Sen		Siz	
O		Onlar	

oturmak

Ben		Biz	
Sen		Siz	
O		Onlar	

istemek

Ben		Biz	
Sen		Siz	
O		Onlar	

2. 다음 동사의 초월시제 가정형을 써 보세요.

bakmak

Ben		Biz	
Sen		Siz	
O		Onlar	

gelmak

Ben		Biz	
Sen		Siz	
O		Onlar	

3. 다음 우리말을 터키어로 써 보세요.

① 커피 드시겠습니까?　　　*Kahve içer misiniz?*

② 저는 커피는 마시지 않습니다.

③ 이것을 해 주시겠습니까?

④ 그는 이것은 하지 않습니다.

⑤ 책을 읽어 주시겠습니까?

⑥ 그들은 책을 읽지 않습니다.

⑦ 가르쳐 주시겠습니까?

⑧ 당신은 가르쳐 주지는 않습니다.

1 수량

터키어에서는 kaç(몇)이란 단어를 통해서 수량을 물어볼 수 있습니다. kaç 다음에 바로
수량을 나타내는 명사를 붙여 문장을 간단하게 완성할 수 있습니다.

tane 개   kişi 명, 사람   sayfa 쪽수   gün 날
saat 시간   dakika 분   yıl(sene) 년도

Kaç tane? 몇 개입니까?   → 5 tane. 5개입니다.

Kaç kişi? 몇 명입니까?   → 3 kişi. 3명입니다.

Kaç yıl kalacaksın? 몇 년 머무를 건가요?   → 1 yıl kalacağım. 1년 머무를 겁니다.

2 시간

터키어에서 시간을 말하는 방법은 간단하고도 복잡합니다. 두 가지 방법이 있습니다.

- **시와 분을 숫자로 순서대로 이야기하는 방법**

  5시 23분 → Beş yirmi üç

- **'1시 5분 전'처럼 '– 시 – 분 전'으로 이야기하는 방법**

  30분이 안 지났을 때 : 시–(y) i/ı/u/ü + 분 + geçiyor
  30분이 지났을 때 : 시-a/e + 분 + var

7:22   Saat yediyi yirmi iki geçiyor. 7시 22분을 지납니다.

10:55   Saat on bire beş var. 10시 5분 전입니다.

15분은 çeyrek(4분의 1), 30분은 buçuk(반)으로 표현할 수 있습니다.

12:15	Saat on ikiye çeyrek geçiyor
11:30	Saat on bir buçuk

saat의 위치에 따라 의미가 달라집니다. [Saat+숫자]는 '몇 시'라는 뜻이고, [숫자+saat]는 '몇 시간'이란 뜻입니다.

Saat kaç? 몇 시예요?　　　　Kaç saat? 몇 시간이요?
↓　　　　　　　　　　　　↓
Saat iki. 두 시예요.　　　İki saat. 두 시간이요.

3 날짜

터키에서는 날짜를 표시할 때 '날짜'를 먼저 말한 다음에 '달'을 이야기합니다. '연도'는 맨 마지막에 붙여 줍니다.

1월	Ocak	7월	Temmuz
2월	Şubat	8월	Ağustos
3월	Mart	9월	Eylül
4월	Nisan	10월	Ekim
5월	Mayıs	11월	Kasım
6월	Haziran	12월	Aralık

Senin doğum günün ne zaman? 너의 생일은 언제니?

Benim doğum günüm 22 Mayıs, 1988. 내 생일은 1988년 5월 22일이야.

1. 다음 숫자를 터키어로 써 보세요.

0		40	
1		50	
2		60	
3		70	
4		80	
5		90	
6		100	
7		500	
8		1,000	
9		5,000	
10		10,000	
11		1,000,000	
20		1,000,000,000	
30			

2. 아래 날짜를 빈칸에 터키어로 써 보세요.

2월 7일	
10월 22일	
1월 30일	
5월 20일	
12월 6일	
7월 13일	

3. 다음 질문과 대답에 알맞은 문장을 만들어 보세요.

① A: Kaç kişi gelecek?　　　　　　　　B: *5 kişi gelecek.*

② A: ___________________________　B: 8 sayfa okudum.

③ A: Kaç gün kalacaksınız?　　　　　　B: ___________________________

④ A: Burada kaç tane elma var?　　　　B: ___________________________

⑤ A: ___________________________　B: 1 yıl oturacağım.

⑥ A: ___________________________　B: Beş saat.

⑦ A: ___________________________　B: Saat yedi.

⑧ A: ___________________________　B: Benim doğum günüm 21 Ocak, 1981.

4. 아래 시간을 빈칸에 터키어로 써 보세요.

① 03:00　　　*Saat üç*

② 07:00　　　___________________________

③ 16:30　　　___________________________

④ 19:50　　　___________________________

⑤ 10:15　　　___________________________

⑥ 08:05　　　___________________________

⑦ 22:45　　　___________________________

Ders **8** **문법편** **명령형, 청유형, 가능/불가능형, 복합시제**

이번 과에서는 일상생활에서 자주 쓰이는 다양한 표현들을 배워 보겠습니다. 명령형에서는 Ben 과 Biz는 제외합니다. 왜냐하면 터키어에서는 나와 우리 스스로에게 명령을 할 수 없기 때문입니다. 그리고 '~하자'라는 의미의 청유형에서는 Biz만 쓸 수 있습니다.

1 명령형

'~해, ~하세요'라는 의미의 명령형은 Ben과 Biz를 주어로 사용할 수 없습니다. 명령형에는 그 의미와 정중함에 따라 두 가지로 나눌 수 있습니다.

- **친한 상대나 아랫사람에게 쓸 때 사용합니다.**

  Sen → 동사어간만 사용합니다. '~해'라는 의미입니다.

(Sen) Getir. (네가) 가져 와.	Getirmek 가져오다
Hadi git. 얼른 가.	Gitmek 가다
Yapma! 하지 마!	Yapmak 하다

O(그, 그녀) 혹은 Onlar(그들, 그녀들), 일반명사나 고유명사
→ 동사어간에 -sin/sın/sun/sün을 붙여 줍니다. '~A가 ~하라고 해'라는 의미입니다. 여기서 A는 나와 대화하고 있는 상대방이 아니라 행위를 할 주체 O 혹은 Onlar 입니다.

O çabuk getirsin buraya.
이리로 빨리 가져오라 해.

Hadi onlar da gitsinler.
얼른 그들도 가라고 해.

Ayşe sakın söylemesin.
아이쉐에게 절대 말하지 말라고 해.

• **좀 더 정중한 표현으로 '～해 주세요'라는 의미입니다.**

Siz → 동사어간에 -in/ın/un/ün을 붙여 줍니다.

> Gelin.
> 오세요.
>
> Para vermeyin.
> 돈을 주지 마세요.
>
> Lütfen, bir daha söyleyin.
> 부탁 드려요, 한 번 더 말씀해 주세요.

＊동사어간이 모음으로 끝나면 가운데에 y를 넣어 줍니다.

2 청유형

Biz + 동사어간 -elim/alım

'(우리) ～하자'라는 의미의 청유형은 Biz만을 주어로 사용 가능합니다. 만드는 방법은 동사어간 뒤에 -elim/alım을 붙여 주면 됩니다.

> Bu otobüse binelim.
> (우리) 이 버스에 타자.
>
> Oraya gitmeyelim.
> (우리) 그곳에 가지 말자.
>
> Berebar kitap okuyalım.
> (우리) 같이 책 읽자.

＊동사어간이 모음으로 끝나면 가운데에 y를 넣어 줍니다.
＊'～하지 말자'라는 의미로 사용할 때는 부정 어미 ma/me를 동사어간 다음에 붙여 줍니다.

3 가능/불가능형

주어　+　동사어간–abil/ebil–시제어미–인칭어미

터키어에서 '~할 수 있다'라고 가능을 나타내는 표현은 동사어간에 -abil/ebil을 붙여 완성합니다. 여기에 오는 시제는 보편적인 의미로 초월시제가 가장 많이 쓰입니다.

〈현재시제〉

Ben şimdi gidebiliyorum.

나는 갈 수 있어요.

〈과거시제〉

Sen nasıl yapabildin?

너는 어떻게 할 수 있었니?

〈초월시제〉

O Türkçe konuşabilir.

그는 터키어를 할 줄 알아요.

〈미래시제〉

Ben 1hafta sonra ingilizce okuyabileceğim.

나는 1주일 후에 영어를 읽을 수 있을 거예요.

＊동사어간이 모음으로 끝나면 가운데에 y를 넣어 줍니다.

주어　+　동사어간–a/e–부정어미–시제어미–인칭어미

터키어에서 '~할 수 없다'라는 뜻의 불가능형은 매우 만들기가 쉬우며, 발음에만 유의한다면 회화를 할 때 유용하게 자주 쓸 수 있는 표현입니다. 동사어간 다음에 앞에 오는 모음에 따라 -a혹은 -e를 붙여 줍니다.

〈현재시제〉

Ben gidemiyorum.

나는 갈 수 없어요.

〈과거시제〉

Sen neden yapamadın?

너는 왜 할 수 없었니?

〈초월시제〉

O Türkçe konuşamaz.

그는 터키어를 못합니다.

〈미래시제〉

Ben artık İngilizce okuyamayacağım.

나는 이제 영어를 읽을 수 없을 거예요.

＊동사어간이 모음으로 끝나면 가운데에 y를 넣어 줍니다.

4 복합시제

복합시제는 하나 이상의 시제와 형태가 서로 혼합된 문장입니다. 의미는 문장에 따라 '~하려고 했다', '~하고 있었다' 등 다양합니다. 이때 마지막에 위치한 시제를 기준으로 인칭어미를 붙입니다.

- **현재시제 – 과거시제 : ~하고 있었다**

  주어 + 동사어간-iyor-du-인칭어미

  Ben dershaneye gidiyordum. 나는 학원에 가고 있었다.

* 마지막이 과거시제이므로 과거시제 인칭어미를 붙여 줍니다.

- **미래시제 – 과거시제 : ~하려고 했다**

  주어 + 동사어간-ecek(acak)-ti(tı)-인칭어미

  Biz dershaneye gidecektik. 우리는 학원에 가려고 했었다.

- **초월시제 – 과거시제 : ~하곤 했었다**

  주어 + 동사어간-초월시제어미-과거시제어미-인칭어미

  Bir zamanlar çok fazla kitap okurdum. 한참 정말 많은 책을 읽곤 했었다.

- **가능형 – 초월시제 – 과거시제 : ~할 수 있었었다, ~할 수 있었는데**

  주어 + 동사어간-abil/ebil-ir-di-인칭어미

  Onunla Fransızca konuşabilirdim. 나는 그와 프랑스어로 대화할 수 있었었다.
  (혹은 아쉬움의 의미로) 나는 그와 프랑스어로 대화할 수 있었는데.

이외에도 여러 가지 형태와 시제를 혼합하여 다양한 문장을 만들 수 있습니다.

연습문제

1. 괄호 안에 있는 동사를 빈칸에 의미에 맞게 변형해 보세요.

① Kızınız odama _________________ . (gelmek)

② Onlara para _________________ . (vermemek)

③ Benim cep telefonum Ali'nin çantasında.

   Ali benim cep telefonu buraya _________________ . (getirmek)

④ Seninle konuşmak istemiyorum, _________________ ! (gitmek)

⑤ Lütfen _________________ . (gitmemek)

⑥ Biz İzmir'e giden otobüse _________________ . (binmek)

⑦ Biz hocaya bunu _________________ . (söylemek)

2. 다음 문장을 가능형으로 만들어 보세요.

① Ben okula gidiyorum. → *Ben okula gidebiliyorum.*

② O Türk romanı okuyor. → _________________

③ Ben şimdi mektup yazıyorum. → _________________

④ Hocam başka üniversitede konferans veriyor.

   → _________________

⑤ Sen nasıl yaptın? → _________________

⑥ Menüyü bakar mısın? → _________________

⑦ 1yıl sonra belki Çin'e giderim. → _________________

3. 다음 문장을 불가능형으로 만들어 보세요.

① Ben okula gitmiyorum. → *Ben okula gidemiyorum.*

② Ben evde ders çalışmıyorum. →

③ Siz onu neden yapmadınız? →

④ 3ay önce hastanede kalmadım. →

⑤ Onlar şarap içmezler. →

⑥ Ankara'ya giden trene binmem. →

⑦ Buz pateni çok zor. Ben bunu yapmayacağım. →

4. 아래의 문장을 복합시제 문장으로 바꿔 보세요.

① Ben Korece kitap okuyorum.

현재시제 – 과거시제 :

② Bu yaz tatilde Antalya'ya gideceğiz.

미래시제 – 과거시제 :

③ Eskiden kızlar anneleri gibi yemek yaptı.

초월시제 – 과거시제 :

Ders 1 인칭대명사와 인칭어미

1.

__Ben__	나는
__Sen__	너는
__O__	그는/그녀는
__Biz__	우리는
__Siz__	당신은/너희들은
__Onlar__	그들은/그녀들

2.

Ben	ekmekçiyim
O	profesördür
Onlar	Almanlar
Sen	kızsın
Siz	şöförsünüz
Biz	mutluyuz

3.

Ben	Koreliyim	ögretmenim	memurum
Sen	öğrencisin	hastasın	güzelsin
O	otelci(dir)	oyuncu(dur)	Çinli(dir)
Biz	Türküz	doktoruz	arkadaşız
Siz	Şanslısınız	uzunsunuz	Fransızsınız
Onlar	hocalar(dır)	tembeller(dir)	çalışkanlar(dır)

4.

Ben	sevimli	mi	yim
Sen	akıllı	mı	sın
O	aptal	mı	dır
Biz	üzgün	mü	yüz
Siz	çirkin	mi	siniz
Onlar	avukat	mı	dırlar

5.

Ben	tembel değilim	Ayşe değilim
Sen	Şanslı değilsin	doktor değilsin
O	Ahmet değil	babam değil
Biz	nazik değiliz	hasta değiliz
Siz	avukat değilsiniz	Türk değilsiniz
Onlar	polis değiller	taksici değiller

1.

polis	polisler	hasta	hastalar	avukat	avukatlar
insan	insanlar	araba	arabalar	kitap	kitaplar
taksi	taksiler	muz	muzlar	perde	perdeler
kalem	kalemler	çanta	çantalar	yol	yollar
ev	evler	üniversite	üniversiteler	yatak	yataklar
masa	masalar	otel	oteller	tüy	tüyler

2.

Bu	이것/이 사람	Bunlar	이것들/이 사람들
Şu	저것/저 사람	Şunlar	저것들/저 사람들
O	그것/그 사람	Onlar	그것들/그 사람들

3.

Benim 나의		elmam	kalemim	okulum	yüzüm
Senin 너의	elma	elman	kalemin	okulun	yüzün
Onun 그의/그녀의	kalem	elması	kalemi	okulu	yüzü
Bizim 우리의	okul	elmamız	kalemimiz	okulumuz	yüzümüz
Sizin 너희의/당신의	yüz	elmanız	kaleminiz	okulunuz	yüzünüz
Onların 그들의		elmaları	kalemleri	okulları	yüzleri

4.

Bu, Şu, O	
Bu benim kalemim.	이것은 나의 연필입니다.
Bu senin defterin.	저것은 너의 공책이다.
Onlar benim çantalarım.	그것들은 나의 가방들이다.
Bu Ayşe'nin arkadaşı.	여기는 아이쉐(Ayşe)의 친구이다.
Şu benim arabam.	저것은 나의 자동차이다.
O senin öğretmenin.	그는 당신의 선생님입니다.

5.
① Ben senden daha tembelim.
② Siz ondan daha akıllısınız.
③ Biz sizden daha güzeliz.

6.
① O en çalışkandır.
② Siz en naziksiniz.
③ Sen en iyi annesin.

Ders 3 방향과 장소

1. a/e

목적지 또는
사람, 사물

da/de

목적지 또는
사람, 사물

dan/den

목적지 또는
사람, 사물

2.

okul**a** 학교	market**te** 마트	ev**den** 집
sınıf**a** 교실	kafe**de** 카페	oda**dan** 방
ders**e** 수업	tuvalet**te** 화장실	mutfak**tan** 주방, 부엌

3. ① Ben _____okula_____ gidiyorum.
② Kedi _____odaya_____ gidiyor.
③ Biz _____odadan_____ çıkıyoruz.
④ _____Evde_____ televizyon var.
⑤ O _____tuvalette_____.

4. ① Kaleminiz var mı?
② Sende çantam yok mu?
③ Onda onun anahtarı yok mu?
④ Mutfakta fırın var mı?
⑤ Bilgisayarın yok mu?

5.

	a/e	da/de	dan/den
Ben	Bana	Benda	Benden
Şu	Şuna	Şunda	Şundan
O	Ona	Onda	Ondan
Onlar	Onlara	Onlarda	Onlardan

Ders 4 동사의 시제와 분사

1. yapmak

Ben	yapıyorum	Biz	yapıyoruz
Sen	yapıyorsun	Siz	yapıyorsunuz
O	yapıyor	Onlar	yapıyorlar

yemek

Ben	yiyorum	Biz	yiyoruz
Sen	yiyorsun	Siz	yiyorsunuz
O	yiyor	Onlar	yiyorlar

2. görmek

Ben	gördüm	Biz	gördük
Sen	gördün	Siz	gördünüz
O	gördü	Onlar	gördüler

sormak

Ben	sordum	Biz	sorduk
Sen	sordun	Siz	sordunuz
O	sordu	Onlar	sordular

3. sevmek

Ben	seveceğim	Biz	seveceğiz
Sen	seveceksin	Siz	seveceksiniz
O	sevecek	Onlar	sevecekler

istemek

Ben	İsteyeceğim	Biz	İsteyeceğiz
Sen	İsteyeceksin	Siz	İsteyeceksiniz
O	İsteyecek	Onlar	İsteyecekler

4. gelmek

현재	gelen
과거	gelmiş olan
미래	gelecek olan

Gitmek

현재	giden
과거	gitmiş olan
미래	gidecek olan

5.　① Ben geçen hafta Ankara'ya ___gittim___.
　　② Sen hiç kitap okumuyorsun! Artık kitap ___okuyacaksın___!
　　③ Murat şimdi ders ___çalışıyor___.
　　④ Geçen yıl 6 ay hastanede ___yattım___.

Ders 5　동사의 의문형과 부정형, 부정의문형, 의문대명사

1.　〈현재시제〉
　　(Ben)　Kediyi seviyor muyum?
　　(Sen)　Kediyi seviyor musun?
　　(O)　Kediyi seviyor mu?
　　(Biz)　Kediyi seviyor muyuz?
　　(Siz)　Kediyi seviyor musunuz?
　　(Onlar) Kediyi seviyorlar mı?

　　〈미래시제〉
　　(Ben)　Kore'ye gidecek miyim?
　　(Sen)　Kore'ye gidecek misin?
　　(O)　Kore'ye gidecek mi?
　　(Biz)　Kore'ye gidecek miyiz?
　　(Siz)　Kore'ye gidecek misiniz?
　　(Onlar) Kore'ye gidecekler mi?

　　〈과거시제〉
　　(Ben)　Yedim mi?
　　(Sen)　Yedin mi?
　　(O)　Yedi mi?
　　(Biz)　Yedik mi?
　　(Siz)　Yediniz mi?
　　(Onlar) Yediler mi?

2.　〈현재시제〉 kazanmak

Ben	kazanmıyorum	Biz	kazanmıyoruz
Sen	kazanmıyorsun	Siz	kazanmıyorsunuz
O	kazanmıyor	Onlar	kazanmıyorlar

　　〈미래시제〉 yürümek

Ben	yürümeyeceğim	Biz	yürümeyeceğiz
Sen	yürümeyeceksin	Siz	yürümeyeceksiniz
O	yürümeyecek	Onlar	yürümeyecekler

〈과거시제〉 konuşmak

Ben	konuşmadım	Biz	konuşmadık
Sen	konuşmadın	Siz	konuşmadınız
O	konuşmadı	Onlar	konuşmadılar

3. ① A: Bu kim?   B: Bu Mine.
    ② A: Bu ne?   B: O benim defterim.
    ③ A: Şu çanta nasıl?   B: Şu çanta çok güzel.
    ④ A: Annem nerede?   B: Annem mutfakta.
    ⑤ A: Evde kaç kişi var?   B: Evde 5 kişi var.
    ⑥ A: Sen ne yapıyorsun?   B: Ben mektup yazıyorum.

Ders 6 초월시제의 의뢰형/가정형/부정형

1. yapmak

Ben	yaparım	Biz	yaparız
Sen	yaparsın	Siz	yaparsınız
O	yapar	Onlar	yaparlar

bilmek

Ben	bilirim	Biz	biliriz
Sen	bilirsin	Siz	bilirsiniz
O	bilir	Onlar	bilirler

oturmak

Ben	otururum	Biz	otururuz
Sen	oturursun	Siz	oturursunuz
O	oturur	Onlar	otururlar

istemek

Ben	isterim	Biz	isteriz
Sen	istersin	Siz	istersiniz
O	ister	Onlar	isterler

2. bakmak

Ben	bakarsam	Biz	bakarsak
Sen	bakarsan	Siz	bakarsanız
O	bakarsa	Onlar	bakarsalar

gelmak

Ben	gelirsem	Biz	gelirsek
Sen	gelirsen	Siz	gelirseniz
O	gelirse	Onlar	gelirseler

3.
① Kahve içer misiniz?
③ Bunu yapar mısınız?
⑤ Kitap okur musun?
⑦ Siz öğretir misiniz?

② Ben kahve içemem.
④ O bunu yapmaz.
⑥ Onlar kitap okumazlar.
⑧ Siz öğretmezsiniz.

Ders 7 수량, 시간, 날짜

1.

0	Sıfır	40	Kırk
1	Bir	50	Elli
2	İki	60	Altmış
3	Üç	70	Yetmiş
4	Dört	80	Seksen
5	Beş	90	Doksan
6	Altı	100	Yüz
7	Yedi	500	Beş yüz
8	Sekiz	1,000	Bin
9	Dokuz	5,000	Beş bin
10	On	10,000	On bin
11	On bir	1,000,000	Bir milyon
20	Yirmi	1,000,000,000	Bir milyar
30	Otuz		

2.

2월 7일	Yedi Şubat
10월 22일	Yirmi iki Ekim
1월 30일	Otuz Ocak
5월 20일	Yirmi Mayıs
12월 6일	Altı Aralık
7월 13일	On üç Temmuz

3. ① A: Kaç kişi gelecek?　　　　　　　　B: 5 kişi gelecek.
　　② A: Kaç sayfa okudunuz?　　　　　　B: 8 sayfa okudum.
　　③ A: Kaç gün kalacaksınız?　　　　　　B: ~ gün kalacağım.
　　④ A: Burada kaç tane elma var?　　　　B: Burada ~ tane elma var.
　　⑤ A: Kaç yıl oturacaksınız/oturacaksın?　B: 1 yıl oturacağım.
　　⑥ A: Kaç saat?　　　　　　　　　　　B: Beş saat.
　　⑦ A: Saat kaç?　　　　　　　　　　　B: Saat yedi.
　　⑧ A: Senin doğum günün ne zaman?　　B: Benim doğum günüm 21 Ocak, 1981.

4. ① 03:00　Saat üç　　　　　　　　② 07:00　Saat yedi
　　③ 16:30　Saat on altı buçuk　　　④ 19:50　Saat yirmiye on var
　　⑤ 10:15　Saat one çeyrek geçiyor　⑥ 08:05　Saat sekizi beş geçiyor
　　⑦ 22:45　Saat yirmi üçe çeyrek var

Ders 8　명령형, 청유형, 가능/불가능형, 복합시제

1. ① Kızınız odama ____gelsin____.
　　② Onlara para ____vermeyin/verme____.
　　③ Benim cep telefonum Ali'nin çantasında.
　　　 Ali benim cep telefonu buraya ____getirsin____.
　　④ Seninle konuşmak istemiyorum, ____git____!
　　⑤ Lütfen ____gitmeyin____.
　　⑥ Biz İzmir'e giden otobüse ____binelim____.
　　⑦ Biz hocaya bunu ____söyleyelim____.

2. ① Ben okula gidebiliyorum.
　　② O Türk romanı okuyabiliyor.
　　③ Ben şimdi mektup yazabiliyorum.
　　④ Hocam başka üniversitede konferans verebiliyor.
　　⑤ Sen nasıl yapabildin?
　　⑥ Menüyü bakabilir misin?
　　⑦ 1yıl sonra belki Çin'e gidebilirim.

3. ① Ben okula gidemiyorum.　　　　② Ben evde ders çalışamıyorum.
　　③ Siz onu neden yapamadınız?　　④ 3ay önce hastanede kalamadım.
　　⑤ Onlar şarap içemezler.　　　　⑥ Ankara'ya giden trene binemem.
　　⑦ Buz pateni çok zor. Ben bunu yapamayacağım.

4. ① Ben Korece kitap okuyordum.
　　② Bu yaz tatilde Antalya'ya gidecektik.
　　③ Eskiden kızlar anneleri gibi yemek yapardı.

터키어 첫걸음의 모든 것

동양북스 채널에서 더 많은 도서
더 많은 이야기를 만나보세요!

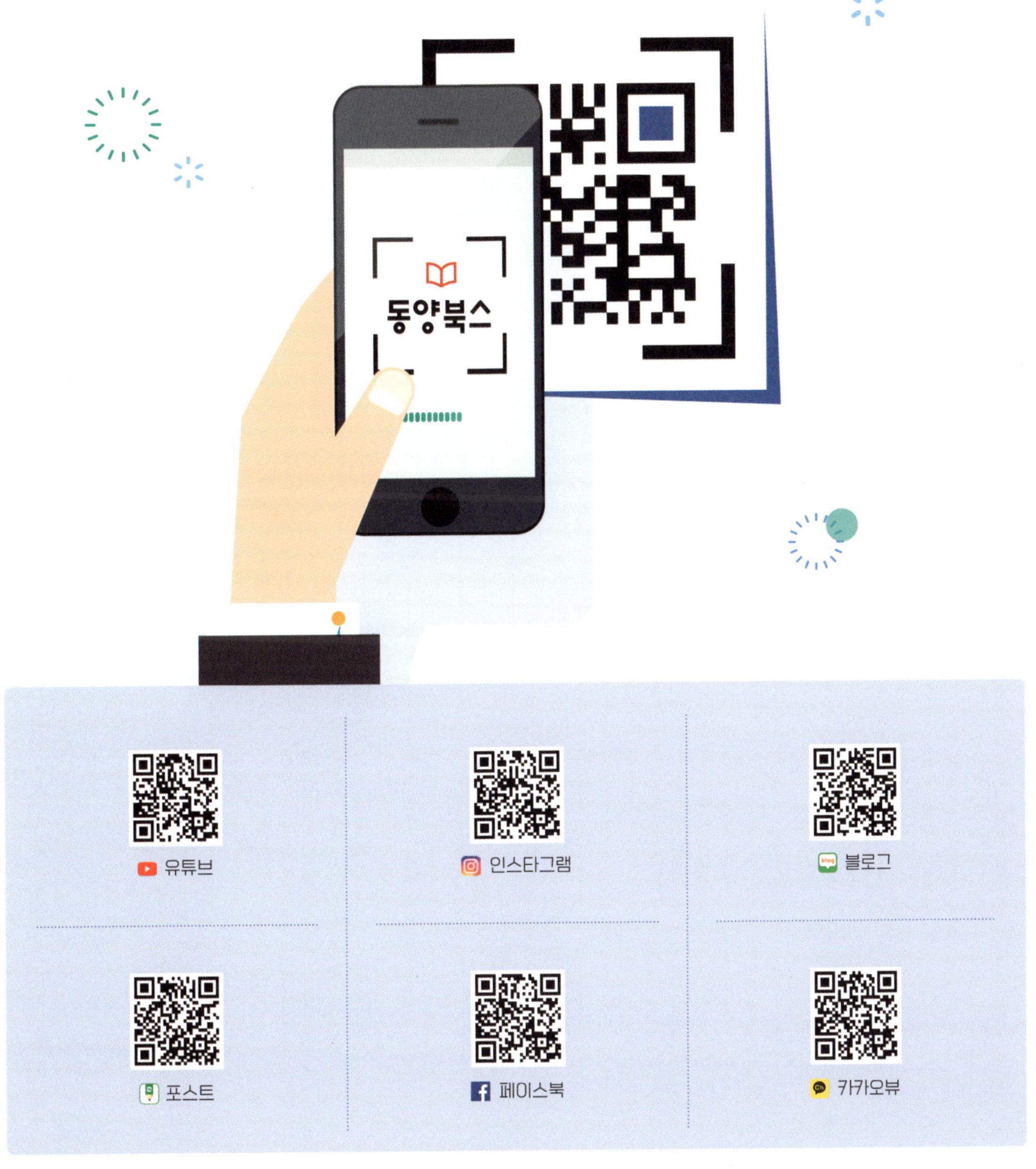